U0934828

现代礼仪丛书

# 现代商务礼仪

许爱玉 \ 编著

浙江大學出版社
ZHEJIANG UNIVERSITY PRESS

**图书在版编目（CIP）数据**

现代商务礼仪 / 许爱玉编著. —杭州：浙江大学出版社，2006.3（2019.7 重印）
ISBN 978-7-308-04640-4

Ⅰ.现… Ⅱ.许… Ⅲ.商务—礼仪 Ⅳ.F718

中国版本图书馆 CIP 数据核字（2006）第 013385 号

**现代商务礼仪**

许爱玉　编著

**责任编辑**　傅百荣
**封面设计**　张作梅
**出版发行**　浙江大学出版社
（杭州市天目山路 148 号　邮政编码 310007）
（网址：http://www.zjupress.com）
**排　　版**　杭州中大图文设计有限公司
**印　　刷**　嘉兴华源印刷厂
**开　　本**　787mm×960mm　1/16
**印　　张**　12.25
**字　　数**　194 千
**版 印 次**　2006 年 3 月第 1 版　2019 年 7 月第 12 次印刷
**书　　号**　ISBN 978-7-308-04640-4
**定　　价**　18.00 元



浙江大学出版社市场运营中心联系方式：0571－88925591；http://zjdxcbs.tmall.com

# 序言

随着全球经济一体化，现代市场竞争越来越激烈，企业由产品竞争转入形象竞争的时代。正如比尔·盖茨所言："市场竞争条件下，企业的竞争首先是员工的素质竞争，进而竞争的是企业形象。"形象至关重要，可以说形象创造财富，形象就是品牌，形象是一个人、一个企业、一个城市乃至一个国家的生命。职场人士在商务场合中的言行举止、服饰打扮、待人接物等是否合乎礼仪规范，不但在很大程度上影响着商务活动的成败，而且直接关系到个人形象的建立，而个人形象决定公司的形象。因此，礼仪已经成为展示自身的内在素质和修养，塑造良好的个人及企业形象的必要条件，越来越受到人们的重视。

所谓商务礼仪就是商务人员在经济活动中应该遵守的礼仪规范和交往艺术。那些在职场纵横捭阖的商界成功人士，不但在工作中出类拔萃，而且拥有良好优雅的专业形象和卓越的人际关系沟通能力。浙江一位成功的企业家说得好：先做人，后做事；做好人，做好事。可谓道出了礼仪的真谛。礼仪其实就是"做人"，一个人只要会"做人"，就能办成事，而"做人"最根本的原则就是尊重他人，严于律己，宽待他人，把握分寸，广结善缘。因此，掌握优雅的礼仪，塑造良好的形象，是每个职场人士走向成功的金钥匙。但是职场上还有不少人依着自己所知有限的礼仪来做人处事，常出现失礼的言行而不自知，严重的因此失去了工作或升迁的机会。我在公司人力资源部门工作的时候，时常为一些大学生求职落选而感到惋惜。这些前来应聘的大学毕业生，其学历、知识等并不逊于人家，但却因为不懂求职礼节而被拒之门外，与幸运之神失之交臂。他们应聘时见面不知如何打招呼，形象不够整洁得体，回答问题不敢正眼瞧人，甚至迟到或手里提着塑料袋前来应聘等，所有这些都让人怀疑其工作能力而被淘汰出局。“细节决定成败”绝不是空谈,有时却是关系人的一生的命运。其实不但是初涉职场的人,因不懂礼仪而招致失败,就是一些公司里的行家里手,工作非常努力却始终默默无闻,得不到上司的赏识和同事的认同,人生悲哀莫过于此。究其原因在于缺少形象意识和沟通能力。有些人不管在办公室里还是与客户沟通,着装非常随意,言行不拘小节,我行我素,不管自己的整体形象是否与公司文化相融合。殊不知形象并非小事,我们在社会上接触的人,不管是朋友、上司还是客户,一般会依照我们平时的服饰、言行举止等外在形象,在心中给你一个定位或评价,而这个定位或评价,关系到彼此未来交往的深浅,甚至在公司的升迁机会。因为职场人士的个人形象其实关系到公司的整体形象。因此有老板就说:公司裁人时,首先从着装最差的人开始。聪明的职场人士必须时时注意形象和礼节,建立自己的个人品牌,要把别人的看法变成机会,并且通过设计和修炼杰出的个人职业形象推动发展,走向成功的人生。

基于以上的观察,我认为提高现代职场人士的商务礼仪水平已经到了刻不容缓的地步。于是我开始潜心研究中国以及国际礼仪,探索礼仪的真谛,并结合近几年的礼仪教学和实践,撰写了符合当今中国时代发展需要的《现代商务礼仪》。本书涵盖了商务人士在职业生涯中除了专业知识和技能外所需要的一切素质,目的在于帮助职场人士改善商务沟通,建立个人品牌形象,从而取得事业成功。本书编排上首先从商务人士个人形象设计入手,包括适度悦人的仪容礼仪、落落大方的表情礼仪、风度翩翩的仪态礼仪和优雅得体的服饰礼仪。针对商务活动特点,又详细介绍了商务交往中的礼仪规范和艺术,包括印象深刻的商务见面礼仪、彬彬有礼的商务言谈礼仪、应付自如的商务宴请礼仪、多姿多彩的商务聚会礼仪、施与有度的商务馈赠礼仪、充满智慧的商务办公礼仪、万无一失的商务会议礼仪、庄重热烈的商务仪式礼仪、畅通无阻的商务通讯礼仪以及一箭中的的商务求职礼仪等。最后本书介绍了涉外交往中的礼仪规范,包括举止有度的涉外商务礼仪及千差万别的各国商务礼仪等若干内容。本书既可作为企事业单位各类礼仪培训的教材和大、中专院校开设礼仪课的教材,也适用于个人用于提高礼仪素养、塑造良好的个人形象,提升个人竞争力。

每个人都渴望成功,成功一定有道可循,礼仪便是其中之道。因为知识能刷新人的文凭,技能可以更换人的岗位,只有素质才是主宰人的命运,决定人的命运的根本原因。作为内强素质外塑形象的商务礼仪,将比单纯的知识和技能更重要。无“礼”寸步难行,有“礼”走遍天下!

由于本人水平有限,本书存在一些错误和疏漏在所难免,希望热心的读者不吝赐教,对本书提出宝贵意见。

本书在编写过程中,参考了国内外许多专家学者的著述,在此表示深深的感谢。同时还要感谢出版社领导和其他工作人员对本书出版的支持,感谢公关学专家何春晖女士,她对本书提出了许多宝贵的意见,最后要感谢我的家人和朋友麻淑秋、翁春芳、许玉萍、王秀华、龚晓红等,本书是我回馈他们的关爱、支持和帮助的最好礼物。

许爱玉

2006 年于杭州

# 第一章

# 适度悦人的仪容礼仪

*世上只有懒女人，没有丑女人。*

*——索菲亚·罗兰*

*化妆的最高境界可以用两个字来形容，就是“自然”。最高明的化妆术，是经过非常考究的化妆，让人看起来好像没有化过妆一样，并且这化起来的妆与主人的身份相匹配，能自然表现个人的个性和气质。*

*——佚名*

现代市场竞争是形象的竞争，形象创造财富，形象就是品牌。因此，商务人士为了公司形象和自身形象，必须保持精力充沛，神采奕奕，仪表堂堂。出众的仪表离不开先天的遗传，更少不了后天的造就，即通过修饰打扮以及后天环境影响，保持容貌、形体和体态的协调优美。

商务人员的仪容礼仪主要是塑造发式、面容、颈部和手部之美。仪容美的塑造是一项艺术性和技巧性很强的系统工程，其中美容美发尤为重要。

## 一　美丽“从头开始”——美发礼仪

*女人的美一半在头发。*

*——佚名*

头发是人体的制高点，因此人们观察一个人往往“从头开始”。形象专家指出：“每当人们与一位商务人员陌路相逢时，最注意对方的，大都是其发型、化妆、着装等几点。正因为如此，一名商务人员假如不想使自己形象受损，就不能不在外出应酬时重视上述各点。”头发整洁、发式大方会给对方留下生机勃勃的美好印象。长发如云，自然如诗如画；短发飒爽，显得英姿勃发。重要的是把头发养护好，使之飘逸柔顺，健康亮丽。因此美发礼仪主要分为护发礼仪与做发礼仪两个部分。前者护理头发，后者修饰头发。任何一名商务人士如果不打算使自己“头上失礼”的话，都应认真遵守护发礼仪和做发礼仪。

**1. 护发礼仪**

护发礼仪的基本要求是商务人员的头发必须经常保持健康、干净、秀美、卫生和整齐。试想如果商务人员的头发看上去脏兮兮的，甚至成缕成片地粘在一起，人们怎会对他产生好感呢？护发礼仪主要是做好头发的洗涤、梳理和养护等方面的事情。

***勤洗头发*** 每个人的头发都会随时产生各种分泌物，并不断地吸附灰尘。保持头发干净、清洁的基本方法是每天洗涤头发，即使条件有限一时难以做到，也不宜拖得过久。一些注重个人形象的白领女性，每天早起第一件事是洗发护发，一头清爽飘逸的头发会带来一天的好心情。洗发有讲究，首先要注意水的选择。洗头发的水宜用摄氏 40 度左右的温水，太冷太烫都不宜。其次是洗发时宜选用合适的洗发剂。洗发剂有干性、中性和油性之分，要根据自己的发质选择合适的洗发液，既能去污又能营养柔顺头发。洗发动作应轻柔，不能用力搓拉头发。最后洗完发，用干毛巾拍头发，令其自然晾干。如果用电吹风吹干头发，注意温度不宜过高，否则会损伤头发。

***梳理头发*** 梳理头发是每天必做之事，而且每天往往不止一次，尤其在参加一些商务活动前，一定要把头发梳理好。梳理头发要选择适当的工具，木梳、牛角梳等自然材料做的梳子对头发的损伤较少。同时还要掌握梳理的技巧，梳子应向某一个方向同向运动，不宜一再循环往复，用力要适度。一些商务人士会随身携带一把梳子以备不时之需。但切忌在公共场合操作，在外人面前梳理头发显得既不雅观又很失礼。

***养护头发*** 按照中国人传统的审美标准，拥有一头浓密的乌发青丝是美的。“头上青丝如墨染”是形容中国美女的千古佳话。商务人士如果要想做到这一点，就必须重视头发的养护问题。养护头发之中的“护”，指的是头发的保护，避免头发接触强碱或强酸性物质，并尽量防止对其长时间曝晒。养护头发中的“养”，则指的是头发的营养，平时宜多吃富含蛋白质和维生素

的食物，尤其是要多吃核桃一类的坚果，或黑芝麻一类的“黑色食品”，少吃辛辣刺激或油性大的食物。养护头发，要做到标本兼治，其中“护”是治标，“养”是治本。

**2. 做发礼仪**

做发礼仪是指塑造头发的整体造型，即发型或发式，它是美发的关键，不仅反映着个人修养与艺术品位，而且是个人形象的核心部分。一些白领女性往往会找一家专门的发型设计专门店，选择两位设计师一起探讨适合自己的发型。发型设计以美观、大方、整洁和方便生活与工作为原则，因此除了流行时尚和个人品味外还要与自己的发质、脸型、体形和年龄相匹配，与自己的气质、职业、身份及周围的环境等因素相吻合。美国的雷·怀尔德在《管理大师如是说》中认为：“身为一名职业女性，必须时时注意自己的外表仪容，但造型别太标新立异，尽量固定自己外表的形象，过多的变化会让其他人吃不消，发型最好固定，不要频频改变。”对商务人士来讲，发型风格应以庄重、简约、典雅和大方为主。

**选择发型要考虑自己的身份、工作性质** 某集团公司董事长做客电视台前，特地向形象顾问咨询。形象顾问向他提出一项建议：换一个较为儒雅而精神的发型，并且剃去鬓角，理由是：发型对一个人至关重要。果不其然，董事长在电视上亮相时形象焕然一新，他的发型使他显得精明强干，他的谈吐使他显得深刻稳健，两者相得益彰。不管是谁，选择发型首先要符合自己的身份。作为一名大学生，发式要活泼大方，显出年轻人的朝气与活力；作为一名教师，则应选择端庄成熟的发型，以示教师的庄重典雅。白领女性的发型应简洁大方，那些标新立异的发型应忍痛割爱或适可而止为好。但是为了调剂单调的发型，可用保湿液、摩丝之类梳理出各种发型。参加社交舞会，打扮可华丽些，可以梳理各种浪漫的蓬松型的发式，尽情展现自身的魅力，以适应舞场气氛。参加婚礼时，客人可以把头发梳理得漂亮些，以示对新婚夫妇的祝贺，但不可喧宾夺主。

**根据脸型选择发型** 选择恰当的发型，既可以为自己的脸型扬长避短，更可以体现发型与脸型的和谐之美。脸长者不宜梳过短的头发，男士可在额前垂下一绺头发，女士适合留有刘海式的发型，使脸显得柔和。脸短者，头发不要留得太长，男士可留“寸头”，女士适合将额前头发全梳上去，以增加脸的长度。脸呈方型的人，对于男士无所谓，对于女士则应尽量遮去方脸型的四个棱角，故可以使两鬓的头发自然下垂，可以卷成波浪型自然地贴住脸颊两侧，尽量使脸部显得柔和生动。对于圆脸型者，发式宜长不宜短，可留直线型长发，额前不梳浓刘海等。

**根据身材选择发型** 一般说来，身材修长的人，在发型方面有较多的选择，无论长发或短发，由于其身材的优势都会显得神清气爽。身材矮小者，在选择发型时会受到一定的限制，最好选择短发型，使自己“显高”，长长的披肩发只会令自己显得更加矮小、迟钝。身材高而瘦者，可选择长发或“波浪式”卷发，让自己显得丰盈一些。身材矮而胖者，一般不宜留长发，更不应该将头发做得蓬松丰厚，最好做短发型，且露出自己的双耳来，这样会显高、显瘦些。

**留意头发的标准长度** 对于商务人士的头发标准长度，商界已有成规在先，为了显示出商务人士的精明干练，一般不宜理成光头也不宜留得过长，男性头发前不覆额，侧不掩耳，后不及领，面不留须。在商界，长发飘飘的男性是不受女性欢迎的。女性在商务活动中，头发长度不过肩，更不允许将一头秀发随意披散开来。最好对其稍加处理，例如暂时盘起或束起皆可。还须注意的是，商务人士无论选择何种发型，在工作场合都不能在头发上滥加装饰之物。男士不宜使用任何发饰。女士应使用格调雅致的发卡或发绳，不要佩戴艳丽或带有卡通、动物、花卉图案的发饰。

总之，美发是展示美好交际形象的前提，修饰仪容应当“从头做起”，把握成功瞬间。

## 二　化妆是女性职业形象的标志——美容礼仪

**三流的化妆是脸上的化妆，二流的化妆是精神的化妆，一流的化妆是生命的化妆。**

——**佚名**

**化妆是告别憔悴的一味最好的良药。**

——**佚名**

面容是人的仪表之首，是人体暴露在外面时间最长的部位，也是最为动人之处。因此在商界，只要工作环境许可，一般要求职员化淡妆上岗。其功能主要有两个:一是有利于塑造良好的组织形象,二是对商界的交往对象表示尊重。日本许多大商场对新员工培训的第一课便是化妆,每人发放一个粉色化妆包,包内有化妆品,有镜子,要求员工每天上班前先照镜子,镜子里的员工必是笑意盈盈、心情愉悦的美丽女子。在国外许多地方,参加商务活动而不化妆,被视为缺乏教养的表现。

适度得体的美容化妆可以使一张平凡的面孔容光焕发,光彩照人,散发出令人无法抗拒的魅力。化妆的前提是肌肤的护理,化妆的关键是扬长避短,浓淡相宜。

**1. 肌肤的基本护理**

平日里对不同的皮肤应给予不同的日常护理,这种护理涉及日常清洗护肤品的选用及健康饮食的搭配。

油性皮肤毛孔粗大,油腻发亮,易长粉刺和小疙瘩,不易起皱,但易沾染灰尘。所以应经常用干性洗面奶清洗,然后涂上含油脂少的护肤品。饮食上应注意少吃肉类和甜食,多吃新鲜蔬菜和含维生素多的水果。

干性皮肤是一种缺少水分的皮肤,皮肤表面易起皱。早晚洗脸时宜选用油性、滋润效果好的洗面奶。最好护肤品与洗面奶是同一品牌的,并且日霜和晚霜分开使用。每天晚上清洗干净后,涂上晚霜,使皮肤得到足够的营养,防止皱纹的产生。日常饮食上应注意多摄取富含维生素 A 的食物,如胡萝卜、坚果类及多种水果等。

混合型皮肤,从肤质上而言,是一种较理想的皮肤。皮肤毛孔均匀,皮肤质地良好,适合各种洗面奶和护肤品。平日饮食宜多样化,忌偏食。同时保证足够的睡眠。

以上三种皮肤,除了要注意其特性外,护理皮肤的共同准则是:一是经常清洗皮肤,保持皮肤洁净,清洗时宜选用温水,不断用手抚脸拍脸,“要想美,拍打自己的脸”,切忌用毛巾使劲揉搓。清洗时应选用全棉柔软的毛巾,并经常清洗晒太阳。二是保证皮肤有足够的营养,多吃富含维生素 A、维生素 B、维生素 C 的食品,这样才能保证皮肤润泽有弹性、少皱纹。三是洗脸去除污垢后,要补充随污垢一起流失的水分、油脂、角质层内的 NMF(天然保湿因子)等物质,要使用合适的化妆水和乳液使肌肤回复原来的状态。

**2. 美容要诀**

与浓郁的社交妆、亮丽的晚妆等不同,商务人士应当化以淡妆为主的工作妆。工作妆的主要特征是清丽雅致，略施粉黛，淡扫蛾眉，若有若无，精心修饰而又显得自然淡雅。其目的在于不过分地突出商务人员的性别，不过分地引人注目。工作妆化得过于浓艳，往往会显得招摇和粗俗。在西方，这种妆型的女士还有"应召女郎"之嫌。商务男士的工作妆一般包括美发定型，清洁面部与手部，并适当使用护肤品，有时使用无色唇膏保护嘴唇。总之，妆要化得清淡而又传神。

**化妆应与服饰相协调** 当穿着玫瑰红色调系列服饰时，眼影可选用黄色、蓝色、粉红、玫瑰红系列。面颊红及口红均适宜用玫瑰红系列。当穿着橙色系列服饰时，眼影可用米色、茶色、橙色、苔绿色等，面颊红用棕红系列，口红用橙红系列。如果穿着黑色系列服饰，则化妆色彩的搭配范围更广，因为任何颜色都容易与黑色搭配。如果是深棕色、深蓝等深色服装，可根据色彩的冷暖性质来选择相应的化妆色，一般宜淡不宜深。如淡红色面颊红、晕色红口红、浅棕色眼影等。

**化妆应与时间、场合相符** 白天工作场合化妆，主要是创造一种自然生动的形态。商务女性只要略施粉黛即可，涂粉底要涂得薄，保持皮肤良好的质感，涂完粉底后，用清洁的海绵或软纸擦去，粉底霜就会与皮肤贴切，显得柔和、润滑。做眼部修饰时，要掌握好分寸，不要使化妆的印象很重。眼线的描画，要紧贴睫毛根，下眼线要淡，可画成虚线，眼影应选择与肤色统一协调的颜色。根据眼睛的具体特征，可选用淡红、茶色、浅棕红、暖调子灰色等。白天对嘴唇的化妆，只能忠实于原来的轮廓，不要试图用唇膏改变嘴的大小和厚薄。在口红的颜色运用上，应避免醒目的、艳丽的红色，只有色泽自然的嘴唇才是最好看的。由于本身的唇色有时不尽如人意，可涂上浅红或纯度较低的棕红、淡玫瑰红等，如唇色很好，只要涂唇油使之富有光泽即可。夜间参加社交或宴请，化妆应与白天有所不同。夜间灯光柔和、朦胧或者幽暗，给化妆创造良好的气氛，并且不容易暴露化妆痕迹。因此，腮红、口红可大胆地用白天不敢用的颜色，眼影色根据服装色调或其他条件尽可能使色彩丰富漂亮，眉毛、眼型、口型在夜间化妆中可作适当的矫正。

**化妆应与年龄、气质、职业、身份等相适宜** 化妆强调的是和谐，只有和谐才能给人以美感。不同年龄的人应体现出不同的风格。青年应着力展示其青春风采，淡妆体现自然之美和个性之美；中年应力求突出成熟风韵，妆饰柔和、服饰优雅体现成熟之美；老年则宜适当创造高雅稳重、深沉理性的睿智之美。职业的差异也是影响仪表协调的重要因素。商务女性和谐的妆饰,加上沉稳合体的套装,能在短时间内凝聚起权威、讲信义这些商务场合上最重要的气质印象。

**3. 简易淡雅的化妆技巧**

对忙碌的商务人士来说,化一个漂亮细腻的妆,费时费力,事实上,淡雅清爽的工作妆,更符合商务人员的身份。只要掌握了化妆的步骤和技巧,一般十分钟就可以完成。

**调理皮肤** 洗好脸后,先用化妆棉沾水轻拍肌肤,待化妆水干后,再抹上隔离霜或日霜。抹时要用中指指腹轻轻抹匀,为面部化妆打好基础。

**涂粉底** 先将粉霜抹在额头、两颊、鼻梁和下巴处,再用中指腹由内向外抹匀。不同区域使用深浅不同的粉底,使妆面产生立体感。完成之后,即可使用少许定妆粉,来固定粉底。

**上眼影** 在眼窝处先打底,由内眼角沿睫毛边向上外描绘,以不超过眉毛和眼角的连线为宜,再在上眼睑三分之一处开始向外画上第二种颜色,宽度以稍微超过双眼皮为原则。

**画眼线** 用眼线笔勾描上眼线。眼线液适合浓妆或晚妆时用。

**刷睫毛膏** 应选用胶状睫毛膏,以免水溶化。平时上班,睫毛膏不宜刷得太浓,化晚妆时,则可以稍微浓密些。睫毛膏刷好后,眼皮应保持固定不动,以免沾染到脸上。

**画眉毛** 根据人的脸型大小来决定,一般来说,脸型大的,眉毛描得略粗些长些,脸型小的眉型可依自己的喜好,以看起来自然为好。商务场合中以自然眉型为主,先用细眉笔顺着眉形画出小根眉毛,再用眉刷均匀地刷开。

**画鼻侧影** 以改变鼻形的缺陷,并增加脸部的立体感,使之更加生动。

**修饰唇形** 用唇笔先描好唇形,然后顺着唇形涂好唇膏。唇形姣好者,可直接涂抹,使之自然润泽。口红能改变唇形,口红要与年龄相符合,年轻女性可用玫红、大红等鲜艳色彩,成熟女性可用褐色或浅茶色口红。近年来,女性喜欢用淡淡的粉色系口红或唇膏,显得自然而又青春俏丽。此外,口红应与场合、服装相协调,白天宜浅,晚上宜深,服色深宜浓,服色浅宜淡。

**打腮红** 打腮红的目的是为了修饰美化面颊,使人看上去容光焕发。白天腮红只适合轻刷在颧骨上,颜色以粉红或砖红为主。化晚妆时,就可以按自己的脸型,作较为仔细的修饰。年轻女性肤色本来就好,白天就不一定用腮红。

**4. 化妆禁忌**

**不要非议他人化妆**　特别是工作时间不允许评价、议论他人化妆的得失,否则给人以不务正业的感觉。

**避免过量地使用芳香型化妆品**　工作场合只适宜淡香型、微香型的香水。一般香水洒在手腕、耳根、颈侧、膝部等地方,也可洒在服装上的某些部位,如内衣、衣领、口袋、裙摆的内侧等。

**不要在他人面前化妆或补妆**　一般单位都设有专门的化妆间,为有必要随时化妆或补妆的人所预备的。一旦发现妆面残缺,要及时补妆,努力维护其妆面的完整性。否则会给人以懒散、邋遢的感觉。

**注意修整体毛**　过长的鼻毛或腋毛在视觉中不雅观,非常有碍观瞻。因此无论男女必须修剪过长的鼻毛。女士在夏天着裙装时,应剃掉腋毛。

总之,化妆是一门综合艺术,必须将人视作一个整体。考虑各修饰部位的局部,促成妆饰、着装、佩饰三者之间及其与人自身诸多因素之间协调一致,使之浑然一体,营造出和谐的整体美。

**【思考与训练】**

1. 如何养护好自己的头发?

2. 设计发型应考虑哪些因素?

3. 怎样根据自身特点化一个淡雅清爽的工作妆?

# 第二章

# 落落大方的表情礼仪

面部表情是多少世纪以来所培养成的语言，它比嘴里讲的要复杂千百倍。

——罗曼·罗兰

我们的生活应每天充满激情的表情才对，因为我们的形象区别于一般的人。

——卓别林

一个表情丰富的女人，可以征服全世界的男人。

——《时尚杂志》

表情是指人的面部神态，包括眼、眉、面部肌肉的变化，它是人的思想感情和内在情绪的外在表现。如咧嘴、眨眼、扬眉等都表示一定的含义。一个人的面部表情所表达的感情信息要比语言更丰富、更巧妙。西方心理学家把人的表情表达效果总结为一个公式：感情的表达＝语言（7%）＋声音（38%）＋表情（55%）。一个人的成功形象从表情起步，有健康生动的表情，也就有了成功的自我形象。

林肯的一位朋友，在组阁时曾经向他推荐某人为内阁成员。林肯却没有用他，推荐的朋友问其原因，林肯回答："我不喜欢他那副长相。"朋友说："有这么严重吗？他总不能为自己天生的面孔负责吧？"林肯回答："不，一个人过了四十岁，就应该对自己的脸孔负责。"因为脸色不好表情不对而被拒用的事例举不胜举。

在千变万化的表情礼仪中，眼神、微笑和面容最具礼仪功能和表现力。

# 一 眼睛是心灵的窗口

一个不会运用眼神沟通的人不可能是个高效的交流者。

——英格丽

比过去热情五倍，眼睛会更精神。

——戴尔·卡耐基

形象没有成功，往往源于对眼神的无知。

——佚名

眼睛最能反映一个人的内在情感。每天人们都用眼神默默地无声而又绘声绘色地互相传达信息。友好而技巧的眼神能迅速地缩短人与人之间的距离。有人曾形容演讲师孙女士在贵阳讲学的场面：孙老师远远地走过来，聚精会神地望过来，亲切而友善，感到她的目光只注视我一个人，让我感到了理解、信任和支持。孙老师目光可以跨越任何障碍，让关系距离拉近，让彼此的自我形象更加锦上添花。

良好的目光交流应该平和、友好和坦然。它对建立双方的信任、交流和增强信誉等都至关重要。

**1. 商务场合中的眼神礼仪**

商务场合与人交流，必须养成注视对方的习惯，做到“目中有人”，从礼仪的角度来讲，注视对方有三个要素：注视的时间、注视的角度和注视的部位。

**注视的时间**　注视对方时间的长短是十分讲究的。一眼不看对方，绝对失礼，长时间看对方，眼睛一眨也不眨，也不行。一般向对方表示友好时，则注视对方的时间应占相处时间的1/3左右。对对方表示关注时，注视的时间占全部相处时间的2/3，如果注视对方的时间不到相处时间的1/3，往往意味着轻视对方。如果注视对方的时间超过了全部相处时间的2/3以上，则不是表示对对方本人发生了兴趣，就是表示对对方的敌意。

**注视的角度**　注视的角度往往能准确地表达出对他人的尊重与否。平视适用于普通场合，与身份地位平等之人交往，大都采用平视方式。仰视则主动居于低处，抬眼向上注视他人，以表示尊重对方。俯视通常用于身居高处时，既可表示对晚辈或下级的怜惜，也可表示轻视。因此与人交往不要站在高处自上而下地俯视于人，而面对长辈或上司时，站立或就座在较低之处仰视对方，往往会赢得对方的好感。

*注视的部位* 一般情况下，不要注视对方头顶、大腿、脚部和手部，尤其对异性，不看中间，不看下边，也不要上下扫瞄或盯住某个部位，否则容易引起对方误解。允许注视的部位一般是双眼，表示对对方的尊重。注视额头，表示严肃认真，公事公办。注视眼部至唇部，表示礼貌，尊重对方。注视眼部至胸部，多用于关系密切的男女之间，表示亲密友爱。双方交谈时，要看对方的脸部和眼睛，但当双方缄默无语或对方说错话时，就不要再老是看着对方的脸，或看了一眼以后要马上转移你的视线。否则，注视对方势必使对方显得更尴尬。

**2. 修炼优美得体的眼神礼仪**

刚从大学毕业的田先生面试五六次始终未果。参加形象培训课程后才找到症结所在：每次面试时，自己总是不敢正视对方，即使看了也不超过5秒，眼神飘忽不定，让人怀疑他的诚意。经过反思和形象训练，田先生终于如愿以偿。修炼眼神应注意以下几个方面内容：

*眼神要灵活* 相信自己的眼睛在任何场合都会说话，眼神中流露出的是你的过去、现在和将来。灵活的眼神，会给人一种流动的美感。

*眼神要有礼貌* 在公交车、电梯等近距离空间，避免目光对视良久。特别是乘电梯时，有经验的人进去之后会面对周围的电梯壁，或者脸朝里，更不会全方位扫描对方。在公共场合，避免上下打量，左顾右盼，众目睽睽之下，正是用眼光树立一个有魅力成功者形象的大好时机。平常当与人说话时，应转过身来正眼看人，注意不要斜视、俯视、不屑一顾、轻浮等不礼貌的眼神。

*文化是眼神的底蕴* 恰当地运用眼神，除表现的技巧外，加强文化、品德修养非常重要。著名影星张瑜曾谈起她为什么在最当红的时候远涉重洋求学时说，当时有资深演员曾感叹地对她说："如今的年轻演员，眼神总觉得是空洞，没什么内涵。"听了后触动很大，感觉只有知识底蕴深厚的人，眼神才是充实而富有内涵的。如今的张瑜优雅明媚，又导又演，在艺术上更上一层楼。许多大企业的老总还以学习经典名著为荣。读经典作品，确实使人目光深远睿智。

*反复修炼* 每天对镜观察，练习 10 分钟，充满欢愉的眼神会给对方和自己带来自信和好运。也可利用视觉化的影视工具，多方位大信息量地观察各类人士的眼神。

## 二 微笑是最动人的表情

*微笑可以打开对方的心房，是世界通用的万用钥匙。*

*——塞万提斯*

*微笑的魅力比美貌大三万倍以上。*

*——乔·吉拉德*

*不会笑的政治家是不会受到人们的欢迎的，同样不会笑的人也难以吸引幸运和财富。*

*——《形象大师》*

笑容是世界上最佳的沟通手段，也最能体现出乐观向上、愉快热情的情绪，可以较快地消除彼此间的陌生感，打破交际障碍，创造友好的交际氛围。美国一家百货商店的经理曾经说过，她宁愿雇用一个没上完小学但却有愉快笑容的女孩子，也不愿意雇用一个神情忧郁的哲学博士。因为营业员对顾客提供的服务，至关重要的是微笑服务。

商务场合，合乎礼仪的笑容大致有含笑、轻笑、开怀大笑、浅笑、微笑等，不同的笑表达着不同的心态和感情，传递着不同的信息。最能缩短彼此之间的心理距离，并能够创造出交流和沟通的良好氛围的笑，莫过于亲切温馨的微笑。微笑是人际交往中最美的表情。

**1. 微笑的价值**

微笑是发自内心的自然的感情的流露。微笑指的是不发声、不露齿、肌肉放松、嘴角两端向上略微提起，面带笑意，亲切自然。

真正的微笑不但可以带来人际和谐，而且给人带来极大成功。卡耐基曾说："真正的微笑，是一种令人心情温暖的微笑，一种出自内心的微笑，这种微笑才能在市场上卖得好价钱。"

原一平就是善于利用微笑来获得成功的典范。原一平是日本的一位保险推销员，1.53 米的个子，外表毫无优势可言，在最初成为推销员的七个月里，他一桩保险业务也没有谈成。为了省钱，也只好上班不坐电车，中午不吃饭，晚上睡公园的长凳。但他依旧精神抖擞，每天清晨五点起床徒步上班，一路上不断微笑着与擦肩而过的行人打招呼。有一位绅士经常看到他这副快乐的样子，深受感染，便因此签下了生命中的第一份保单。这位绅士是一家大酒店的老板，还帮他介绍了不少的业务。从此原一平的命运彻底改变了，由于原一平的微笑总能感染顾客，他成了日本历史上最为出色的保险推销员。而他的微笑，也被评为价值百万美元的微笑。原一平的笑容在给顾客带来欢乐与温暖的同时，也给自己带来巨额的财富和一世的英名。

优秀公司非常接近他们的客户，微笑服务是其中的法宝。海尔集团要求每位员工学会微笑，其企业文化的宣传册子中有一篇《我是海尔我微笑》这样写道：微笑需要理由吗？不需要，如果非要找一个理由，那么因为我是海尔，我代表海尔：微笑是最好的礼物，它价值昂贵，却不费一文钱。它不会使赠送的人变得拮据，却使收受的人变得富有，它发生于分秒之间，却能被永生难忘。没有人因富足不需要它，也没有人因贫穷而不受它的好处。它为家庭带来欢乐，为事业培育关爱，也在朋友间互通情谊。它使劳累者获得休息，使沮丧者重获光明，使哀伤的人得到抚慰，也使陷入烦恼的人得到解脱。你买不到、求不到、得不到，甚至偷不到，它只能给予，否则便没有什么好处，在日常繁忙日子中，也许我们售货员因过度忙碌而忘了面露笑容，那么你是否能把笑容带给我们呢？因为愈是没有人能够给予，愈是有人会迫切需要啊！经常微笑。

**2. 训练真诚的笑容**

高素质的微笑是通向21世纪的个人形象护照。有的国家已办起数以百计的微笑学校，训练国民的微笑以提高其综合素质。从现在开始露出你的笑容，就像演员和节目主持人那样，并且对自己说"笑一下"。训练微笑要注意以下几个细节：

**发自内心** 练习微笑时可以拿一支不太粗的笔，用牙齿轻轻横咬住它，对着镜子记住这时面部和嘴部的形状，这个口形就是合适的"微笑"。礼仪专家指出：职业化微笑一般要求露出上面六颗牙齿，因为那样的笑最自然。但最"高级"的微笑应该是发自内心的，不只是嘴咧开，而是用纸挡住鼻子以下的面部时，还可以看到眼睛中含着笑。

**笑意传情** 笑和眼神、表情、气质等相结合。口到眼到，笑眼传情，情绪饱满，微笑才能亲切、动人而富有感染力。

**适时地笑** 当笑则笑，不该笑时就别笑，这是发挥笑容功能的关键，比如，打破沉默之前，先露出笑容，马上拥有一个良好的氛围，要想先等对方笑后才露出笑容，就为时晚了，因为没有哪一种形象沟通是不先付出就会成功的。但在严肃场合不能笑时千万别笑。

**笑的禁忌** 保持乐观、积极、进取的情绪，让笑发自内心深处。虚假造作的微笑只能令人反感。因此必须避免负面形象的笑：假笑、怪笑、冷笑、狞笑、干笑、媚笑和窃笑等。

**不断训练，坚持不懈** 用心练习，是笑容成功的唯一秘诀。可以对着镜子练习，一方面观察自己笑容的表现形式，更要注意调整心态，想象对方是重要客户或多年商界朋友，可面带笑容讲话，并请同伴给予评议。

## 三 面容是心境的晴雨表

*美好的表情如同天使，让每次见面的人心动。*

——哲人

*脸部是思想的荧屏。*

——谚语

面容是指人的面部所显示出的综合表情，它对眼神和笑容发挥辅助作用，同时又可自成一体，体现自己独特的含义。

通常通过面容所显示的表情，既有面部各部位的局部显示，又有它们之间的彼此合作，综合显示。

### 1. 局部面容表情美

人们的嘴巴、眉毛、鼻子、下巴和耳朵等都可以独立地显示各自的表情。

嘴的表情美 嘴传情达意的能力仅次于眼睛。通常嘴部的表情是通过口形变化来表现不同的含义的，如欢乐时“嘴巴翘起”，惊讶时“张口结舌”，仇恨时“咬牙切齿”，忍耐时“紧咬下唇”等。在商务场合常见的嘴巴表情有：

微露牙齿的双唇，表示对对方的友善。

紧闭的双唇，表示严肃认真的思考和对待，或者对某人感兴趣。

稍稍噘起的双唇，表示轻微的不高兴。

努努嘴，表示怂恿或撺掇、嘲讽。

撇嘴，表示轻蔑、讨厌或伤心。

咂嘴，表示赞叹或惋惜。

在商务交流中，尽量少努嘴、撇嘴和撅嘴。站立、静坐或握手时，嘴可以微闭，经常保持微笑状。

眉毛的表情美　以眉毛的形状变化所显示的表情，一般称之为眉语，除配合眼神外，眉语也可独自表意。眉毛的不同动作和状态，代表了不同的含义。

在商务场合中常见的有以下几种表情：

双眉平展，表示身心平和和愉悦。

眉头紧皱，表示不满、不赞成、厌烦、不愉快，或表示思索和考虑。

眉梢微挑，表示询问或怀疑。

眉峰上耸，表示恐慌、讶异或惊喜。

眉梢耷拉，表示讨厌、不满、烦躁或郁闷。

在商务场合，为了体现良好的修养，双眉应经常保持在自然平直的状态，不要随意皱眉、上挑或耷拉眉毛，改变眉的位置。

**2. 面容的综合表情美**

面部各部位之间彼此合作，表现出生动丰富的脸部表情，如，睁大眼睛、张开嘴巴、眉毛上扬时，表示的是快乐情绪；当眉毛倒竖、眼睛大睁，嘴角向两侧拉开时，表达的是一种愤怒的情绪。因此人们常说一张脸能“说话”，所有的喜怒哀乐都写在脸上。因此商务场合要注意脸部的整体表情美，以塑造其良好的形象。

**自然明朗**　自然明朗不要做作，不要在脸上堆砌表情，不要夸饰，不要动辄皱眉撅嘴，要给人以自然和明朗的感觉。

**轻松柔和**　轻松柔和始终能给人一种美的感觉。平常注意多一点微笑，目光柔和，双眉平展，让人看起来轻松柔和，感到温暖舒服。

**大方宁静**　不要人为地去追求表情，不要作夸张和娇滴滴的伪饰。人的表情和打扮一样，要求大方宁静，以得体为美。

**整体和谐**　注意脸部表情不要太“硬”和太“软”，板起面孔和媚笑，都会使人不舒服，这实际上也是脸部表情的度。

总之，在商务交往中一定要把握好自身的面容表情，向对方巧妙地传达各种信息，同时要善于察言观色，正确理解对方所表达的真实含义，增强双方交流的效果。

**【案例】** **原一平的表情恳谈会**

被誉为“推销员之神”的原一平为了让自己的事业有不凡的业绩，每月召开一次“批评原一平大会”，且持续了五年之久，重要内容包括原一平到底是一个什么样的人，他的表情如何，别人对他有何意见或批评等。有一年的“批评原一平大会”时，顾客们对躺在“菜板”上的原一平任意宰割之后，排列出来的评语有“你太急躁，你的笑容不够诚挚，你与人打交道过于势利、一心想急于成交，你有时等得不耐烦；你的举止如常即可，何必穷紧张？你过快地配合、模仿对方的表情与手势，容易招致失败”等等。

**案例分析：**原一平在塑造成功形象方面有其独特之处。为了塑造良好的形象，请你模仿原一平，召开一个自我表情恳谈会，请亲朋好友、同学提出表情礼仪中需要改进的地方。

# 第三章

# 风度翩翩的仪态礼仪

*一个天生的身体语言专家，他的领导作用是运用成熟的身体语言而不是言辞。*

——英格丽

*训练身体语言更有利于推销自己的地位。*

——佚名

在商务活动中，仪态被视为第二语言，也叫做副语言。仪态语言专家惠斯代尔的研究表明，在人际沟通中，有65%的信息是通过仪态语言表达的。优美的仪态语言比口头语言更生动、真实且容易接受。

仪态主要是指人的肢体动作，是一种动态中的美，包括手势、坐姿、站姿、走姿等，是风度的具体体现。在商务交往中，仪态礼仪要求美观大方、自然优雅。它不但透露出一个人良好的礼仪修养，是人的内在品质、知识修养的真实外露，而且能赢得对方的好感，获得更多合作的机会。

## 一　良好的站姿

*大部分人可以控制自己的面部表情和言辞，但却难以控制手、脚和身体的无意识的移动。*

——荷夫曼

*我必须堂堂正正地抬头挺胸，完成该完成的工作。*

——原一平

优美的站姿是培养仪态的起点，是培养动态美的基础，站立时保持端正的姿势，优雅的神态和怡然的表情，会给人一种挺拔健美、精力充沛和积极向上的印象。

**1．站姿的基本要领**

站姿的基本要领是挺直、舒展、线条优美、精神焕发，具体要求两脚跟相靠，脚尖分开 45～60 度，身体重心在两足上，双膝并拢，收腹收臀，背脊挺直，双肩稍向后放平，双手自然下垂置于身体两侧或轻放腹部，双膝部挺直，双脚并拢。男子要站得稳健，女士要站得优美。

女子最优美的站姿是身体微侧，呈自然的 45 度，斜对前方，面部朝向正前方，脚呈丁字步，人体重心落于双脚间。这样的站姿可使女性看上去美丽而有雅韵。

**2．不同场合的站姿要求**

升国旗、奏国歌或接受接见等庄严的场合，必须采取“肃立”的姿势。“肃立”类似标准站立姿态，但神情严肃，中途不能乱动。门迎、侍应人员往往站的时间很长，双腿可以平分站立。手的姿势可以是前握式，右手握住左手手背，垂放于腹前并稍微上提，也可手背式，两手背后交叉，右手放到左手的掌心上。礼仪小姐的站立，一般采用立正的姿势或者丁字步。这时的丁字步重心不一定要放在前面的左脚上，而可以同时放在左右腿上。向人问候或做介绍时，无论握手或鞠躬，双脚应当并立，相距 10 厘米，膝盖要挺直。等车或等人时，两脚的位置可一前一后，保持 45 度，身体要挺直。

女士穿礼服或旗袍，双脚之间前后相距约 5 厘米，以一只脚为重心，不可双脚并立。女士工作期间，带文件时，应把文件放在身侧，双手轻扶。如双手拿文件时应将文件放在身体一边，用双手轻扶。没有文件时左手轻轻叠放在右手背上，双手轻靠在腰下，眼光平和地注视对象或正前方，略含微笑，给人优美亲切的感觉

无论何种站姿，只有脚的姿势及角度和手的位置在变，而身体一定要保持挺拔俊美。

**3．站立时的禁忌**

切忌双脚叉开，交叠或呈内外八字。

脚不可在地上不停地划弧线。

姿势不要常常更换，更不能交腿斜靠在马路旁的树干、招牌、墙壁或栏

杆上。

不要和别人勾肩搭背地站着。

不要将手插在裤袋里或环抱在胸前，手不可压在吊挂式皮包上。

不可单手或双手叉腰，身体重心不要倾斜一边。

站得疲惫时可建议与对方一同坐下，再继续谈话，也可采取稍息姿势，切不可东摇西晃。

## 二 优美的走姿

*巴黎女子都是走路的天才。*

*——巴尔扎克*

对走姿的要求是行如风，就是用风行水上来形容轻快自然的步态。美好的走姿是一种动态美，很自然地就会流露出自信、精神的气质，同时也给人以专业的信赖感，让人赞赏不已。

**1. 走姿的基本要领**

礼仪专家总结优雅走姿的基本要领是：以胸领动肩轴摆，提髋提膝小步迈，跟落掌接趾推送，双眼平视背放松。走路的美感产生于下体的频繁运动与上体稳定之间所形成的对比和谐以及身体的平衡对称。具体包括以下几个细节：

**头正** 双目向前平视，面带微笑收下颌，表情自然平和。

**肩平** 双肩平稳，手臂伸直放松，手指自然弯曲，摆动时要以肩关节为轴，上臂带动前臂向前，手臂要摆直线，肘关节略屈，前臂不要向上甩动，向后摆动时，手臂外开不超过 30 度，前后摆动的幅度为 30～40 厘米。

**身挺** 上身挺直、挺胸收腹，重心稍向前倾。

**步位直** 步位指你的脚下落到地上时的位置。女士走路时最好的步位是两只脚所踩的是一条直线，而不像男士是两条平行线。

**步幅适度** 步幅是指行走时两腿之间的距离，步幅一般标准是一脚踩出落地后，脚跟离后脚脚尖的距离恰好等于自己的脚长，身高超过1.75米以上的人的步幅约一脚半长。

**步韵平稳** 走路要用腰力，要有韵律感。女士走路，还要求步履匀称、轻盈，显示温柔之美。

**2. 不同着装、场合的走姿**

*走姿与着装关系密切* 以直线条为主的服装特点是舒展、矫健而飘逸，如西装要注意挺拔，保持平正，行走时两腿要直，走路的步幅可略大些，手臂放松，伸直摆动，女子臀部不要左右摆动。女士穿旗袍时，就要走出女性柔美的风韵，要求身体挺拔，胸微含，下颌微收，忌塌腰撅臀，走路的幅度不要太大，两脚前后走在同一条直线上，脚尖略微开，呈柳叶步，手臂在体侧摆动，幅度也不宜过大，臀部可随着脚步和身体重心的转移稍左右摆动。总之，每一处都要保持轻柔、高雅的姿态。

*不同场合走姿略有不同* 迎接宾客，步伐稳健大方；参观展览，脚步应缓慢轻柔；参加喜庆活动，步态可轻盈、欢快；而参加吊丧活动，步态宜缓慢、沉重；办事联络，步伐要快捷、稳重，以体现效率，特别是男士走路，适当加快步伐有助于提升个人魅力。在办公场所，脚步应轻而稳，除非有紧急情况，不宜火急火燎地以小跑代替走路，有急事时，可加快步伐。

**3. 走姿禁忌**

双脚应笔直地走，脚尖朝前，忌呈内八字或外八字。抬头挺胸，双手前后轻摆，切忌走路松松垮垮，或拖着脚走路，显得毫无朝气。气要平，脚步要从容和缓。赶路时，切勿走得气急败坏，尽量避免短而急的步伐。鞋跟不要发出太大声响。

眼光平视前方，切勿左顾右盼，经过镜子前不可梳头、补妆或整衣冠。

尽量靠右行走，携带吊挂式皮包时，应挂在右肩上。携带资料时，应右肩背皮包，左手持资料。到达目的地时，应将皮包或袋子拿在左侧，方便与人握手或递名片。

切勿三五成群，左推右挤，这样既妨碍他人交通，且有碍观瞻。

## 三 优雅的坐姿

*即使你不开口，你也不可避免地通过你的肢体语言而"大声"清晰地反映自己的观点。*

——《成功杂志》

优雅的坐姿传递着热情、自信和友好的信息。男士的坐姿要求是坐如钟，即坐相要如钟一样端庄稳重。女士要“坐如芍药”，优雅大方。正确的坐姿，既是对交往对方的尊重，也使自身的形体显得优美。

**1. 坐姿的基本要领**

脊背挺直，肩放松，两膝并拢，双手自然放膝上或椅子扶手上，上体直挺，勿弯腰驼背，也不可前贴桌边后靠椅背，上体与桌边、椅背应相距一拳左右，双膝并拢，双脚自然着地。

男女的坐姿大致相同，只是细节上略有差别，如女子就座时，双腿并拢以斜放一侧为宜，双脚可稍有前后之差，即两腿斜向左方，则右脚放在左脚之后，若两腿斜向右方，则左脚放在右脚之后，这样从正面看起来双脚交成一点，可延长腿的长度。穿裙装时入座前要用手拢一下裙子再坐。

在正式场合，要求男性双手放在两腿上，两腿之间可有一拳的距离，两脚自然分开成 45 度。可以跷腿，但不可跷得太高或抖动。而女子就座时，双脚可平踏于地，双膝可略微分开，双手可分置左右膝盖上。

聆听他人讲话时，臀部应占椅子五分之四，脊背挺直不能靠在椅背上，膝盖靠拢，双脚并拢，双手叠放在膝盖上，面带微笑，眼神温和地注视对方，在适当时候，可以用点头表示赞同等。

就座时，也能体现落座者的修养。出于礼貌，和客人一起入座或同时入座时，要分清尊卑，先请对方入座，自己不要抢先入座。应从座位左侧入座。入座要轻柔缓和，人走到座位前，转身背对，从容地慢慢坐下，然后把双脚跟合拢。坐下后不要随意挪动椅子。离座时，应起身缓慢，动作轻柔，尽量不要碰得桌椅丁当响。

**2. 坐姿禁忌**

*注意上身的姿势* 椅背的倚靠主要用以休息，工作时不要把上身完全倚靠着座椅的背部，最好一点都不倚靠。一般不宜坐满椅子的三分之二以上，特别是在尊长面前，若是只坐座位的二分之一，那么对对方的敬意尽在不言中。交谈的时候，为表示重视，不仅应面向对方，而且同时应将整个上身朝向对方。

*注意脚的摆放* 切勿双脚张开、交叉或抖动。不可将双腿直伸出去，更不能将腿放在桌椅上。特别是身穿裙装的女士不论大腿叉开还是小腿叉开，都非常不雅。

***注意手的摆放*** 双手切勿交叉放在桌上或胸前，也不可单手或双手托额。手可放在前面的桌子或椅子扶手上，男士还可放在两条大腿上。女士可以双手叠放后放在一条大腿上。绝不可把手夹在两腿间或双手抱在腿上。

***注意坐姿的娴雅*** 女士不可跷起二郎腿，若跷腿时悬空的脚尖应向下，切忌脚尖朝天。坐沙发时要注意臀部的位置，沙发座位较大较深，所以坐下来时不要太靠里面，特别是小腿紧贴边沿，把自己小腿挤成两个“大萝卜”，很不雅观。

## 四 规范的手姿礼仪及其他

***一切心理活动都伴有指手画脚等动作。手势恰如人体的一种语言，这种语言甚至连野蛮人都能懂。***

***——西塞罗***

手姿蹲姿及其上下楼梯等仪态皆是形体语言中富有表现力的语言，特别是手势语言最为丰富。如手托下巴，表明积极参与；双手指互对并指向上方，表示出信心；左手包住右手放在腹前而坐，表示胸怀博大宽容；掌心向上，表示对对方的尊重；掌心向下，意味着不坦率、缺乏诚意；攥紧拳头，意味着愤怒或攻击性。因此利用好手势礼仪及其他仪态礼仪，在商务交往中会起到锦上添花的作用。

### 1. 规范的手姿礼仪

规范的手姿应是手掌自然伸直，掌心向内向上，手指并拢，拇指自然稍稍分开，手腕伸直，使手与小臂形成一条直线，肘关节自然弯曲，大小臂的弯曲以140度为宜，在做出手势时，讲究顺畅柔美。手姿礼仪主要关注区域性的差异和手姿的表情美两个方面。

***手姿的区域性差异*** 手势在不同的国家、不同的地区代表着不同的含义。甚至同一手势表达的涵义也不相同。如翘直大拇指，中国人表示赞赏之意，翘起小拇指则表示蔑视。日本人则用大拇指表示“老爷子”，用小拇指表示“情人”。“V”字形手势由二战时的英国首相丘吉尔首先使用，表示“胜利”、“成功”，在亚非国家，“V”字形手势一般表示两件事或两个东西。而

“V”字形手势如果掌心向内，就变成骂人的手势了。伸出一只手，将食指和大拇指搭成圆圈，美国人用这个手势表示“OK”，是“同意”、“顺利”、“很好”的意思，而法国则表示“零”或“毫无价值”；在日本是表示“钱”，而在巴西是表示粗俗下流。

在用手势表示数字时，中国人伸出食指表示“1”，欧美人则伸出大拇指表示“1”。中国人伸出食指和中指表示“2”，欧美人伸出大拇指和食指表示“2”。中国人伸出食指指节前屈表示“9”，日本人却用这个手势表示“偷窃”。中国人表示“10”的手势是将右手握成拳头，在英美等国则表示“祝好运”，或示意与某人的关系密切。

只有了解手姿的区域性差异，才能正确了解手势表达的真实含义，否则可能会产生不必要的麻烦。

**手姿的表情美** 手姿是一种无声的语言，如果使用得当，能够完美地丰富人的表情。

简洁明了。商务场合，手势不宜过多、过滥，否则会给人留下装腔作势、缺乏涵养的感觉。传达信息时，应稳健大方。

大小适度。除非演讲等表演场合，手势的动作不宜过大或过小，更不能手舞足蹈。要大小适度。否则会给人做作的感觉。

动静结合。手势该动则动，该静则静。静态的手势仍然可以表述人的感情。不要做一些无意识或下意识的手势，如拍拍打打，推推搡搡，勾肩搭背或抚摸对方，这些都会引起别人的反感。只有静动的交替和恰当的搭配才给人美感。

尊重对方。手姿可表情，要注意风度修养。如在谈话中谈到自己，可以把手掌放在胸口上，提到别人时，可以手掌心向上手指并拢伸展开进行表示。切勿用手指指点别人，或用拇指指别人。

**2. 细节反映个人修养**

商务场合，一些举止虽小，却往往反映一个人的修养。所谓“小节之处见精神，言谈举止见文化”。

**蹲姿** 在商务场合，除了捡拾地面物品、整理鞋袜外，一般很少采用蹲的姿势。商务人士尤其是女性穿套装需要下蹲时，要注意优雅的蹲姿，否则会显得很没教养。优雅的蹲姿主要有两种：一种是交叉式蹲姿，即下蹲时，右脚在前，左脚在后，右小腿垂直于地面，全脚着地，左腿在后与右腿交叉重叠,左膝由后面伸向右侧,左脚跟抬起,脚掌着地,两腿前后靠紧,合力支撑身体,臀部向下,上身稍向前倾。交叉式蹲姿适用于女士特别是穿短裙的女士,优点在于造型优美典雅。另一种是高低式蹲姿:下蹲时左脚在前,右脚稍后,不重叠,两腿靠紧向下蹲,左脚踏实,小腿基本垂直于地面,右脚跟提起,脚掌着地,右膝低于左膝,形成左膝高右膝低的姿态,臀部向下。服务人员大多采用高低式蹲姿。

蹲姿的时候注意不要毫无遮掩,尤其是身着裙装的女士,特别要防止大腿叉开。注意不要突然下蹲,也不要离人太近时下蹲,以免与人"迎头相撞"或发生其他误会。

**上下楼梯** 上下楼梯,上体均应保持直挺且靠右行,双眼平视正前方,勿低头看梯。落脚要轻,重心一般在脚前部。上下楼梯要注意以下几个细节:

坚持"右上右下"原则。上下楼梯、自动扶梯的时候,都不应该并排行走,而要从右侧上,以便有急事的人可以从左边的急行道通过。

讲究礼仪秩序。上下楼梯时,不要和别人抢行。出于礼貌,可以请对方先走。当自己陪同引导客人时,上下楼梯时就要走在前面。男女同行时,上下楼应让女士居后,以免让穿裙子的女士"走光"。

注意停留时间。减少楼梯上的停留。楼梯上来往的人很多,所以不要停在楼梯上休息、站在楼梯上和人交谈或是在楼梯上慢慢悠悠地走。注意礼让别人。

**个人举止行为禁忌** 公共场合不吃东西。为保持公共场所环境卫生,同时为了个人的美好形象,新加坡等国明令禁止在人来人往的公共场所吃东西。

注意口腔卫生。消除口腔异味,生蒜生葱和韭菜之类带刺激性气味的食物,其气味滞留时间较长,因此参加商务活动前一天,就应不吃为妙,以免口腔异味引起对方的不悦。

避免在众人面前发出各种异常声音。当众打哈欠或喷嚏,都是有失礼仪的。

不在众人面前抓挠身上的任何部位。更不应当众抓耳挠腮,剔牙剪指甲或梳理头发,这些皆应在洗手间进行。

切勿随便吐痰。吐痰时应该背对他人,把痰抹在纸巾里,丢进垃圾箱,或去洗手间吐痰，但不要忘了清理痰迹。

不要当众嚼口香糖。嚼口香糖可以保持口腔卫生，但不要当众嚼口香糖，更不能发出“叭叭”的声音。嚼过的口香糖应用纸包起来，扔进垃圾箱。

总之，仪态礼仪需要有意识地训练而成。需要反复练习，有意识地使用积极的语言，改掉消极的身体语言，多借鉴成功人士的身体语言，让自己在举手投足中表现出翩翩风采。

**【案例】　　　　　一口痰“吐掉”一项合作**

《文汇报》曾报道了这样一件事：某医疗器械厂与外商达成了引进“大输液管”生产线的协议，第二天就要签字了。可当这个厂的厂长陪同外商参观车间的时候，习惯性地向墙角吐了一口痰，然后用鞋底去擦。这一幕让外商彻夜难眠，他让翻译给那位厂长送去一封信：“恕我直言，一个厂长的卫生习惯可以反映一个工厂的管理素质。况且，我们今后要生产的是用来治病的输液皮管。贵国有句谚语：人命关天！请原谅我的不辞而别……”一项已基本谈成的项目，就这样被“吐掉”了。

**案例分析**：本该谈成的合作项目就这样吹了。个人行为举止还有哪些禁忌？

# 第四章

# 优雅得体的服饰礼仪

**一个人的穿着打扮就是他教养、品位、地位的最真实的写照。**

**——莎士比亚**

**推销从个人形象开始，服饰是人际关系的通行证。**

**——原一平**

**那些随意着装的人，没有机会走到公司高层。**

**——石川弘义**

**一个人不能为悦己者而穿着，而要为他的整个人生而穿着，这才是事业成功的诀窍。**

**——佚名**

服饰表现的是一种社会文化。一个穿着得体和谐的人，往往能体现出良好的文化修养和高雅的审美情趣，而穿着不当，则会降低人的身份，损害自身的形象。因此服饰所传达的情感与意蕴甚至不是用语言所能替代的，它体现三大功能：实用；阶层象征；审美。在美国的一次形象塑造调查中，78%的人根据外表判断人，超过半数的人认为外表可以反映一个人的社会地位。因此穿衣的目的不纯粹是为了漂亮和时尚，而是为了自信。

在形象就是一切的今天，大部分人缺乏自信心，或不满自己的外表，或是对自己的才能和成就不满足。其实，环肥燕瘦，标准体形少之又少，而通过精心设计、专业咨询的成功穿着，不但可以掩盖这些不足，还可以衬托形体的优势，并在心理上消除由于外表不完美带来的焦虑，塑造健康自信的专业形象。

商务人员的着装总的原则是遵循国际通行的 TPO 原则，即着装与时间

(Time)、地点(Place)和场合(Occasion)相配的原则。时间原则是指着装要考虑时间,适应四季的变换,同时着装要符合时代感。商务人员白天工作时间,着装以稳重大方为原则。如有公关活动或社交活动,则以典雅端庄为基本格调。晚间参加宴请、听音乐会等社交活动,则着装更加讲究,按照西方一些国家的规定,看歌剧或听音乐会,男士一律着深色晚礼服,女士要着端庄雅致的裙装,否则不准入场。地点原则是指不同环境需要与之相协调的服饰,以获得视觉和心理上的和谐感。场合原则是指服装与穿着场合气氛相和谐,工作场合要庄重大方,社交场合以时髦个性为宜,而休闲场合则应舒适随意。

塑造富有个性风格的专业形象,男女服饰礼仪又有明显的不同。

## 一 出色女性的服饰形象设计

*穿着套裙,可以马上让一位职业女性显得与众不同,并且能够恰如其分地展示她的认真工作态度和温婉的女性美。*

*——佚名*

*如果你穿得好,看起来漂亮,你的生活不需要目的。*

*——罗伯特·尤特*

世界时装大师高田贤三认为:服装除了能说明她的身份和地位,更能影响她的感染力。有人甚至把个人的衣着称为“人类的第二肌肤”。职业女性的穿着应以简洁明快而典雅为原则,塑造专业而又精明的形象。

**1. 穿上职业装**

所有适合于商务女士在正式场合穿着的职业装中,套裙名列榜首。套裙给人以精明干练,富有权威的感觉,而且最能体现女性魅力。恰到好处的裙子能体现女性的美感与飘逸的风采,作为职业女性,其工作场所的着装有别于其他场合的着装,尤其代表着一个组织的形象时,更要追求大方、简洁、素雅的风格。

*精心选择套裙*　套裙分两种基本类型,一种是用女式西装上衣随意搭配一条裙子,称之为随意型,另外一种是女式西装上衣和与之同时穿着的裙子为成套设计、制作而成,称之为标准型。

西服套裙是女性的标准职业着装，可塑造强有力的形象。一般用于正式隆重的会议、迎宾接待的公务场合，色彩以深蓝色、黑色和贵族灰色为主色，忌用轻浮、流行的时尚色系。做工要精致得体，并应特别注意选配质地优良的鞋子。因此商界女性至少应备有一套此类基本色调的传统套装。

根据商务礼仪规范，一套经典的可供商务女性在正式场合穿着的套裙，一般具有以下特色：高档面料缝制，上衣与裙子采用同一质地、同一色彩的面料，它在造型上讲究为着装者扬长避短，因此提倡量体裁衣，做工考究。上衣注重平整、挺括、贴身。裙子以窄裙为主，"裙短则不雅，裙长则无神"，一般裙长及膝或过膝为宜。

**商务女性着装原则**

重视质地。人们常说"女人的时装永远少一件"，其实职业女性着装更应重视质地，多而滥的服装只会让你显得粗俗，而穿上质料考究的套装让你看起来更优雅。

色彩要正。商界女士的套裙色彩，不仅要兼顾着装者的身份、年龄、性格、体形等，更要与着装者从事商务活动的具体环境协调一致。一般冷色调的套装能体现着装者的端庄典雅。但对色彩不要墨守成规，年轻女士穿一套优雅入时的套装会显得青春朝气而又端庄大方，但过分花哨夸张的款式绝对要避免，一套套裙的全部色彩不应超过两种，否则显得杂乱无章。同时，与流行色保持一定的距离，以显示自己的品味和个性。

穿着到位。按照常规，商务女性在正式场合穿套裙时，上衣的衣扣全部系上，不允许将其部分或全部解开。上衣的领子要完全翻好，衣袋的盖子要拉出来盖住衣袋，不能将上衣披在身上或者搭在身上，裙子要穿得整整齐齐。

区分场合。正式场合职业女性穿着套装固然非常适宜，但一般场合，可着裙装，也可选用简约、品质好的上装和裤装，并配以女式高跟鞋。具体要视职业、单位性质而定。近年来，女性职业装已有时装化的倾向，更注重品质、个性和时尚化的元素。但要求"时尚而不性感"。过分性感或暴露的服装绝不能出现在办公室中，以免惹出不必要的麻烦，从而失去升职的可能。除了职业装，商务女性可大胆尝试能够体现女性魅力的服饰，出席宴会、音乐会时，酌情选择与场面相协调的礼服或时装，旅游购物或健身，穿休闲或运动服。在一定的规则之下，可尽情享受穿着的乐趣。

整体和谐。职业女性除穿着考究外,从头到脚的整体装扮讲究和谐的整体美,因此需要经常花心思在服装的变化上,并懂得如何巧妙地装饰、点缀,使其免于呆板。若是将几组套装巧妙地搭配穿用,则既经济又有时尚品味。

**2. 套裙的配饰要适当**

套裙的配饰,宜精不宜粗、宜少不宜多。主要精心考虑衬衫、内衣和鞋袜的选择。

**衬衫** 与套裙配套的衬衫,面料要求轻薄而柔软的自然材料为主,如真丝、麻纱和纯棉等,色彩上要求雅致而端庄,并且不失女性的妩媚,除了作为基本色的白色外,其他各种各样的色彩,包括流行色在内,只要与所穿的套裙色彩相和谐,均可作为衬衣的色彩,但以单色为佳。如果衬衣色彩与所穿套裙色彩互相般配,外深内浅或内深外浅,都会显得特别地雅致。暗纹、条纹、小花点的花色衬衫,如果与套装搭配得当,也是不错的选择。

**内衣** 内衣被称为"贴身的关怀"。整套内衣往往由胸罩、内裤、腹带和连体内衣等构成。内衣尽管款式、色彩很多,但总的原则是穿上内衣后,身体感觉舒适而隐在套装内不会一目了然地展现在外面。在内衣穿着方面也有所讲究:一是内衣不准外露;二是内衣不准外穿。

**鞋袜的穿着** 鞋袜被人称为"足上风光"和"腿部景致",有人说:想了解一位白领丽人的服饰品位,看一看她所穿的鞋袜即可。一双得体的鞋子能为全身服装添色增辉,它不仅能够映衬服装整体美,更能增加人体本身的挺拔俊美。因此爱惜自己形象的商界女士不可不重视鞋袜。1984 年里根总统皆夫人访华时,南希对中国的旗袍极感兴趣,希望也买一套,她在挑选面料时,首先看中的是一种金色的织锦缎,但考虑到没有金色的皮鞋与之配套,便改为一种以深红色为底色的中国织锦缎旗袍,配上一双深色的高跟鞋,显得特别的雍容华贵,魅力无限。

选择鞋子首先注重面料,以真皮为好,鞋洁净,款式大方简便,没有过多装饰与色彩,鞋跟不能太高太尖,中跟为好。露脚趾的皮凉鞋是不允许在礼仪场合穿着的,否则会被认为缺乏教养,没有礼貌。鞋的颜色必须和服装的颜色相配,总原则是鞋子的颜色必须深于衣服颜色,如果比服装颜色浅,就会显得轻飘,除非配上与其相应的饰品。

袜子则以丝袜或羊毛袜为好,色彩上,讲究套裙、鞋袜上下一致、内外一致。一般是白天穿肉色或浅色的,晚间活动可稍深。款式上,连裤袜或高统袜则是与套装的标准搭配。穿长筒袜的时候要特别注意,长筒袜一定要比裙子长。丝袜挂破了千万不能再穿,平时可以在随身包里放一双丝袜,以备急用。

总之,装饰品不要太多,多了就显花哨,别人的注意力可能集中在服饰上,而不在专业形象上。

## 二　魅力男士的服饰礼仪

*你用服装达到你的目的。服装、身体、面部、态度都会为你打开凯旋胜利之门,你的出现向世界传递你的权威、可信度、成功率。*

*——庞德*

*两种女人可以毁掉丈夫的形象:一种是追求时尚;一种是力图节俭。*

*——英格丽*

商务男士穿衣目的不是为了时尚,不是为了突出自我,不是为了鹤立鸡群、标新立异,而是为了展示力量,在含蓄的服装外表之下,处处透露出来的应该是深沉、可靠、自信、成熟和力量。一位人才交流中心负责人深有感触地说:"这里来招聘的单位 80% 都是从应聘者的着装质地和品位来评判应聘者的价值观、出身背景、阅历和性格能力的。一般来讲,穿劣质服装、皮鞋污秽和头发欠爽的人,会降低首次面试的成功率。"某集团公司的总裁曾说:当我要裁人时,首先从穿着最差的人开始。

**1. 穿上标准职业装——西装**

美国华盛顿联邦银行总裁辛可利时常告诫属下的主管:"如果你要别人以专家对待你,你就必须穿得像一个专家。"如何才能使自己穿得像一个专家?最有效的办法就是穿一套剪裁非常得体、质地非常优良的西装。

西装是目前全世界最流行的一种服装,也是商界人士在正式场合的优先选择,西装的造型典雅高贵,它拥有开放适度的领部,宽阔舒展的肩部和略加收缩的腰部,穿在男人身上会显得英武潇洒,魅力十足。

**西装的选择**　俗话说"男穿牌子,女穿样子",选择一套味道纯正、有模有样的品牌西装是你成功的起点。名牌西装,一般都要历经 300 多个程序

方可成型。因此选择品牌西装,必须关注以下几个细节:

鉴别面料。面料是西装的灵魂,不同质地、品质、色泽、织法、手感的面料决定西服的档次。面料的选择应力求高档。以纯毛、羊绒或高比例含毛的毛涤混合制作的高档面料西服,有着轻、薄、软和挺的特点,穿起来感觉柔软舒适合身,而外表显得挺括。

鉴别做工。好的西装手工精细,针距匀称,夹缝严整,无遗留的线头,花色与条纹处理一丝不苟。

观察西装的外形。好的西装驳领平整,衣襟对称,衣袋服帖,衣扣牢固,衣袖圆顺,肩部舒展。

关注合体和匀称。适合自己的西装应舒适、贴身、没有皱纹。袖口应略长于手腕,上下左右前后摆动胳膊时,不觉得别扭和有阻碍感。

关注色彩。商务人员所穿西服必须显得庄重、正统。专家经研究发现:深蓝色西服+白衬衣是被人们认为最可信的搭配,时到今日,蓝、白色是最常用于企业和公司制服的首选服装和衬衣色,是走遍全世界不出错的商业标准职业装。还可选择灰色或棕色的西装,一些欧美国家认为,商界人士最体面的服装是深灰色的西装。黑色的西装更适合庄严而肃穆的礼仪性活动。总之,越是正规的场合,越讲究穿单色的西装。

关注图案。一般上等西装是没有任何图案的,但暗纹和竖条纹的西装,因其成熟稳重而有品位,也为商界人士所推崇。

关注款式。一是按照西装的件数来划分,西装有单件与套装之分:单件西装,仅适用于非正式场合,在商务交往中,必须穿西装套装。西装套装被称为商务套装,即上衣与裤子成套,其面料、款式、色彩等上下呼应。套装又分为两件套与三件套。两件套包括一衣一裤,三件套包括一衣一裤和一件背心。一般认为三件套西装比两件套西装正规。二是按照西装上衣的纽扣数量来划分,西装上衣有单排扣与双排扣之分。前者显得正统,后者显得时尚。单排扣的西装上衣,最常见的有一粒纽扣、两粒纽扣和三粒纽扣,两粒纽扣显得正统。双排扣西装上衣,最常见的有两粒、四粒和六粒纽扣之分,一般认为两粒和六粒的双排扣西装属于流行款式,而四粒扣的双排扣西装则具有传统风格。

关注造型。造型又称版型,指的是西装的外观造型。目前主要有欧式、英式、美式和日式等四种造型,各有其特点。欧式西装洒脱大气,英式西装剪裁得体,美式西装宽大飘逸,日式西装贴身凝重。目前国内商界人士选择英式和日式为多。

关注尺寸。西装的尺寸很重要,过大过小过紧过松的衣服都会破坏一个成功男人的优秀形象。西装上衣的长度,是让手臂自然下垂,大约至拇指尖端的位置。裤长以能覆盖鞋面为原则。

此外,还有休闲西装,其色彩大多较鲜艳亮丽,并且多为浅色,基本上以单件为主。大都在非正式场合穿着。

**穿西装的礼仪** “西装一半在做,一半在穿”,商务人员要想使自己的西装穿得合适得体,必须在西装的穿法和搭配上既遵守礼仪规范又有个人的品味和风格。

三色原则。穿西装的时候,全身的颜色不能多于三种,包括西装、衬衫、领带、鞋子和袜子在内。

系扣有规矩。穿单排扣上衣时,如果是两粒纽扣,讲究“扣上不扣下”,只扣上面的纽扣,若是三粒扣的,则扣中间或上面两颗纽扣。而双排扣的西装,则必须扣上一切可扣的纽扣,才显得左右对称。如果穿西装背心,则应扣上纽扣,但穿单排扣西装时,背心最下面的纽扣不必扣上。

衬衫穿着规范。每套西装一般需有两三件衬衫搭配。以高支精纺的纯棉、纯毛为主要成分的混纺材料制作而成,在色彩上以白、蓝、棕、黑等色彩为主。衬衣领子高过西服一厘米、袖子长过西服一厘米为最美观。系领带时穿的衬衫要贴身,不系领带时穿的衬衫可宽松一点。

巧配内衣。西装的标准穿法,是衬衫之内不穿内衣。但如果天冷的原因,要穿内衣需讲究。穿一件为宜,并且色彩宜与衬衫的色彩相仿,款式上短于衬衫,应尽量不让人们看出你里面穿有内衣。

少装东西。在西装上衣的左侧外胸袋上,最多可以插入一块用以装饰的真丝手帕,内侧的胸袋,可用来放钱夹、钢笔等,外侧下方的两口袋,以不放任何东西为佳。最好买来西装后不要拆开那个口袋的线,不拆开自然就不会放东西。裤子的口袋只能放纸巾等极少量东西,而裤子后面的口袋不放任何东西。

**2. 展示男士自我个性的最佳方法——领带**

领带是男士的概念和风格,是男士全身最能表达自我的工具。在西方,人们普遍形成一个观点:不戴领带的人是事业上的失败者。公司的总裁们认为任何商业会议都需要佩戴领带,这是惯例和常识。假如穿西服不戴领带,就像女士化妆只化半个脸。据说有一位应聘者面试时未戴领带,招聘单位给他一百元钱,告诉他"请你买条领带来面试"。可见,领带是男士打扮的焦点,通过它能展现穿戴者的修养和品位。

领带也是男人最有效变换服装效果的工具。套用"女人的时装永远少一件"这句话,"男人的领带永远少一条"。如果你的领带每天换一条,给别人的感觉就是你天天换衣服。美国历届总统选举,所有候选人都由形象造型师来改变人们对他们的印象,前总统里根竞选时共进行了 67 种形象造型图案,其中领带的选择高达 240 多条,且只限于红、黄、蓝这种基色调。

领带的选择

面料。最好的领带,应当是用真丝或羊毛制作而成的。商界男士不戴人造面料或棉、麻、皮、塑料和珍珠等制成的领带。

色彩。买真丝材质、图案含蓄、简明,色彩保守的知名领带,领带柜中至少要有酱红色、蓝色、细花纹的领带各一条。

图案。单色无图案领带,或小图案(黄豆大小为最好)、圆点、简洁的图形、隐形图案、细条纹等都是不错的选择。

款式。领带有箭头和平头之分,一般认为箭头的领带显得传统典雅,平头领带则显得时尚随意。另外领带有宽窄之分,除了与流行保持同步外,还应与本人的胸围和西装的衣领等相协调。

佩戴领带的礼仪

注意场合。系领带有其适用的特定场合,因为系领带意味着郑重其事。办公、开会、出差、执行公务和参加宴会等,穿西服套装一定要打领带,没有领带,这西装就没有味道。但在非正式场合,穿西装可以不系领带,但衬衫的第一个扣子一定要解开。

与季节相配。秋冬季穿深色西服时,宜选配深色调、图色较雅的领带;春夏季穿浅色西服时,宜选配浅色调、图案配色较丰富和鲜亮的领带。

讲究结法。领带要打得挺括、端正,在外观上呈倒三角形。目前流行的系法是在紧挨领结的地方,巧妙地打出一个微凹的面,以增强领带的立体感,西方人称之为"领带的笑靥"、"男人的酒窝"。至于领带结的大小,则与衬衫衣领成正比,衬衣领口越宽,领带结应越宽。

注意长度。领带打完后,领带尖若长于腰带,则显得不精干,短于腰带又显得小里小气。最标准的长度是领带下端的大箭头正好到达皮带扣的上端。

巧配西装。单色西装配素色衬衫和花式领带,双色西装配花式衬衫和素色领带。

**3. 画龙点睛的男士佩饰**

西装的韵味不是单靠西装穿出来的,而是用西装与其他衣饰一道精心组合搭配出来的。一位企业老总作为中资负责人与意大利金融界人士交往,发现对方对自己有异样的眼光,他百思不得其解,直到有一天一位热情坦率的意大利朋友告诉他:"你的服装、领带、皮鞋、手表都告诉我们你不属于金融界。"原来自己没能贴切地展现自己所代表的国家和银行。

在男人的佩饰中,起画龙点睛作用的主要是:皮鞋、皮带、手表、钢笔、公文包等。

**每天擦亮你的皮鞋** 西方有句谚语:不要相信一个穿着破皮鞋和不擦皮鞋的人。穿西装时,所穿的鞋袜必须与之配套。美国一位世代做鞋生意的绅士曾说:低头看看他脚上穿的,就知道他的身份。一位保险销售精英讲学时也说:"在我们事务所,任何一名职员都穿着闪闪发光的皮鞋。一般来讲,鞋是一个人身份的象征。穿旧皮鞋的人,只有两种可能:第一是买不起,那他一定是个不成功的销售职员;第二是舍不得买,那他是个鼠目寸光的人。无论哪种可能,他都不会取得我的信任。保险卖的是信誉,是形象,其次才是保险。"有人甚至认为男人的鞋还可让女人迅速地捕捉男人的地位、个性、收入等信息,有一个著名的广告:好鞋等于未来。

与西装配套的鞋子应是真皮制作,深色、单色,以黑色皮鞋为最佳。

商务场合宜穿系带式皮鞋,少穿压花式皮鞋,保持鞋面无尘,鞋内无异味。每双鞋只穿一天为宜,并当日洗刷干净鞋边,鞋跟磨损过后应及时修补或丢弃。为保持自己的形象,一些商务人士会准备黑色、深棕色皮鞋至少三双以上。

好花还须绿叶扶,好鞋还须好袜配。与皮鞋配套的袜子,应是深色、单色为主,并且最好是黑色的,特别是不要穿对比鲜明的白袜子和彩色袜子。穿西装配白袜子,人称"驴蹄子",反差太大。一些公司如电脑公司要求脱鞋进入,或者被邀请到客户家中商务洽谈时有可能脱鞋,因此袜子要勤洗,一天一换,发现袜子脱线或破洞时,应丢弃不用。还应注意袜子的长度,坐着的时候，袜子应遮盖裤脚和鞋子之间的部分，避免坐下谈话时露出皮肤或浓密的腿毛。

**精致的小配饰** 商务男士的配饰宜精不宜多，讲究的是质量和品位。有人称手表、钢笔、打火机为“男人三件宝”。

钢笔。美国前总统老布什将一支美国国旗作笔身图案的派克笔，作为国礼送给前俄罗斯总统叶利钦。一位房地产销售女经理认为：判断客户有无诚意，一个重要的方式是看看他们用什么笔，一个随身携带派克笔的人八成是买家，值得交流沟通，即使不买，也能从对方身上学到不少新知。而一个用一次性碳素笔或圆珠笔的人，就没有那么乐观了。

手表。男人看表，女人看包。手表反映一个人的品位与身份。在你支付能力范围内，应选择高质量的并和你的衣服相配的名牌手表。黄金色表看起来更优于白金色表。卡通画之类的手表不适宜在商务场合中使用。

皮带。商界流传“一根皮带毁了一笔300万元的生意”的故事：一位外商在郑州考察后准备与某合作公司的李先生正式签订协议。不知是何原因，就在双方谈判进展顺利，签字生效的关键时刻，李先生的皮带突然松开，场面极尴尬难堪，最终导致外方拂袖而去，合作就此中止。李先生为此起诉皮带生产厂家和经销商。因此皮带质量要上乘，最好与皮鞋、公文包同色，而且首选黑色。腰带扣件一定要简洁、牢固。

公文包。被称为商人的“移动办公室”，是外出时随身携带的物品。选择一个标准的皮质公文包，放弃砖头式皮包。最标准的公文包是手提式长方形公文包，其面料以牛皮、羊皮制品为最佳。色彩以深色且单色的诸如深棕色或黑色为好，少选用带花纹图案和文字的皮质公文包。

皮夹。一只小巧的钱包不易使口袋鼓起变形。但钱包里的东西必须是必需品。千万不要把各种信用证、家庭生活照等放在里面。

手帕。放一块折叠雅致的手帕在你的西装上的小口袋中，不仅可增加一个男人的情调，而且可在出现尴尬局面时用它作掩饰。

戒指。男士佩戴首饰最多的只有结婚戒指一种。场合越正规，男士戴的首饰就应当越少。

## 三 风情万种的佩饰礼仪

当我在事业上刚取得了一些成功,我非常喜欢购买与佩戴珠宝饰物,我觉得这是财富的象征,它使我相信我长久以来的梦想确实实现了,它标志着征服与实现。

——索菲亚·罗兰

通过鉴别他的佩饰物,我们就知道他的真实身份。

——乔恩·毛丽

佩戴首饰不但可以装饰美化自己,表现个人气质,同时还具有实用、象征、权力和财富的标记作用等。因此千百年来首饰一直受到人们的喜爱。

首饰的品种、材质各不相同。汉代刘熙认为:凡冠冕、簪钗、镜梳、瑱珰、脂粉等皆为首饰。现在我们所说的首饰是发饰、耳饰、颈饰、腕饰、指饰等的统称。根据饰品的品种和材质可分为三大类,一类是矿物质,如钻石、宝石、玉、水晶、玛瑙、翡翠、金;一类为非矿物质类,如珍珠、象牙、琥珀、珊瑚等;一类为仿制品类,如人造珍珠、玻璃制品、木制品、人造宝石、镀金银制品等。不同的饰品具有不同的独特意蕴,如钻石坚硬透明,象征纯洁感情,"钻石恒久远,一颗永留传"。翡翠具有东方式的典雅优美的风格,珍珠温润婉约,可将女人装扮得更加靓丽出色。

对于职业女性,职业装的配饰限制较多,在遵守一定原则之外,其实,自己花一点心思,巧妙选择适合自己气质和风格的珠宝首饰,塑造自己的独特品味,是找到自信和成功的关键。在商务场合,佩戴饰品不仅具有美化功能,而且还能传播一定的信息,具有一定的象征意义。

**1. 首饰的佩戴原则**

首饰的佩戴是一门大学问。很多时候它甚至比服装本身还重要。佩戴得当,可以使人增姿添采,佩戴不当,便会弄巧成拙。要充分发挥首饰内在的魅力和功能,首饰的佩戴应遵循以下的原则:

**整体原则** 首饰成为人们整体风采的重要点缀,与人的气质、容貌、发型、装束浑然一体,将会使人更加优雅美丽,仪态万方。要根据服饰的整体要求,运用对比调和、均衡节奏等形式美的规律,有重点地佩戴,以达到和谐秀美、清新悦目。

**数量原则** 佩戴珠宝首饰,重要的是质而不是量,以少为佳,最多不超过三件。如果要佩戴体积较大的珠宝首饰,一定要选质好、工艺水平高的精品,戴一件即可足以吸引羡慕和欣赏的目光。如果同时佩戴戒指、项链、耳环、手镯、胸针等珠宝首饰,则各样首饰的款式应简洁大方,而且要搭配得当,否则会给人花哨零乱的感觉。

**习俗原则** 佩戴首饰要注意各地的风俗习惯,传统观念。不同地区的人,对首饰的质地、色彩有着不同的喜好。如中国北方地区,喜欢戴翡翠,而且讲究男戴观音女戴佛。

**质地原则** 在正式场合要戴就戴质地做工俱佳的饰品,否则宁可不戴,千万不要佩戴粗制滥造的饰品。若同时佩戴两件或两件以上的首饰,应使其质地相同。一般来说,高档饰品多适用于隆重的社交场合,不适合在工作休闲时佩戴。

**色彩原则** 若同时佩戴两件或两件以上首饰,其色彩应保持同色,避免所佩戴的首饰色彩斑斓。如黑色旗袍配以黄金的胸针,那么其戒指或项链首选黄金。一般而言,深色服装应配以光亮鲜明的首饰,用首饰的色泽来画龙点睛。浅色服装可配有色宝石首饰,用色彩的变化来烘托整体。金银色的晚装最好不要佩戴明亮的钻石首饰,否则会主次不分,令人无所适从。

**季节原则** 所戴首饰应与季节相吻合。如春天配以色彩淡雅的宝石、珍珠制成的挂坠、胸针;夏天佩戴首饰要简洁、明了,可选白金、白银配以白水晶、海蓝宝石等;秋天佩戴的首饰,可以是与毛衣相映成趣的、稍大体积的首饰,配以不透明的宝石如珊瑚、绿松石、孔雀石等;冬天要佩戴有温暖感的首饰,如嵌有红、蓝宝石、钻石的18K黄金制成的高档首饰等。

**体型原则** 要使首饰为自己的体型扬长避短,选择首饰时,应充分正视自身的形体特点,努力使首饰的佩戴为自己增添光采。

**身份原则** 戴首饰时要符合身份,不仅要照顾个人爱好,更应当使之服从于本人的身份,要与自己的性别、职业、年龄和工作环境等保持大体一致,而不致相差甚远。

**性别原则** 佩戴饰品必须考虑性别差异,一般场合女士可适当佩戴首饰,而男士佩戴首饰的主导意识是少而精以表现男性的个性和精神风貌。场合越正规,男士戴的首饰就应当越少。一般只有结婚戒指一种。其理想的首饰镶嵌材料是钻石。高贵耀眼的钻石,最具男性坚忍不拔、沉毅豪迈的阳刚之美。

**2. 耳饰——优雅亮丽**

耳饰虽小,却戴在明显而重要的位置上,它的色彩造型对于人的面部形象、气质风采的影响比其他饰品更大,可谓画龙点睛的一笔。耳饰主要有两种:长形的耳坠和圆形的耳环。所谓耳坠,即用小珠子缀起来的长坠子。古代女子都有戴耳坠的习惯,如古诗中的"头上蓝田玉,耳后大秦珠"、"腰若流纨素,耳著明月珰"之中的"大秦珠"、"明月珰",就是耳饰。现代女性戴耳饰越来越普遍。让耳饰随着头的转动、头发的飘洒而时起时落,摇曳多姿,会让人感到一种动人的魅力。

**佩戴耳饰应注意场合** 一般在两个不同的礼仪场合,不宜佩戴同一副耳饰。如在晚会或其他娱乐场所,可以戴花色比较丰富的耳饰。而在会议、谈判等工作场合,饰品以不阻碍工作为原则,太长的坠子是不适合的,不仅不合工作的打扮,且看起来不够庄重。因此宜选择固定在耳上的耳环为佳。但如果耳环妨碍电话谈话,在工作时就应取下。

**耳饰应与服装相协调** 纯白色的耳饰和金银耳饰可配任何衣服,而鲜艳色彩的耳饰则须与衣装相一致。从质地方面来讲,佩戴熠熠闪亮的钻石耳饰或洁白晶莹的大珍珠耳饰,必须配以深色高级天鹅绒旗袍或高档礼服。

**耳饰应与脸型相匹配** 脸型较宽的女性应戴体积较小形状长且贴耳的耳饰,这样可以加长和收缩脸型。圆脸型在选择耳饰时的要点是让脸颊显得窄一些,所以应尽可能地选择细长尖型的耳坠,使人产生视错觉,能使面孔起到似椭圆的效果。不可选用很繁琐的造型或是圆形的耳环,因为那样会使脸部显得更宽。长脸型佩戴耳环的视觉效果比宽脸要好。但在选择耳环时要注意不要强调纵线,不要选择细长的耳环,因为细长的耳环会使长脸显得更长。戴着圆形的耳环,能把长脸衬托得较为圆满,并增加一分温柔可爱。方脸型的人要选择头部尖细的造型,使脸颊到下巴产生一种流线的感觉。瓜子脸型给人的印象比较清秀,选择小巧玲珑的耳环会很协调。

**3. 颈饰——款款风情**

颈饰最具存在感,同时也占据身体中的重要位置,可以增添无限魅力。我国古代少数民族妇女颈饰极多,由于礼教束缚,古代汉族妇女颈饰较少,而男性和孩子的较多,小孩的颈饰大多有驱邪保平安的意思,如"长命锁"就是用金银玉等制成的锁状颈饰。

现代颈饰款式多种多样，其中项链是一种理想的颈饰，一件高贵的礼服配上一条名贵的项链，会显得愈发高贵富丽，风情万种。

项链的种类很多，大致可分为金属项链和珠宝项链两大系列。每一件项链皆蕴含着丰富的情感文化的内涵，如钻石项链以其璀璨而显得华贵，珍珠项链以其白润光洁而给人以高雅的美感，景泰蓝、玛瑙和珐琅以其颜色古朴而显得传统典雅。

**颈饰与服装的协调** 穿着柔软飘逸的丝绸套裙时，宜佩戴精致、细巧的项链，显得妩媚动人。职业装色彩较单一，可以在项链上搭配一些色彩生动的有色宝石，在职业装的庄重严肃之外，透射着女性的生机和美丽。特殊的职业和特殊的场合，最好能佩戴适合自己职业个性和自己品味的个性化首饰，应该充分发挥珠宝的情感文化的内涵，使之成为一种标志化的身体语言，最好能佩戴专业设计制作的独一无二的首饰制品，最能充分体现自己独特的品味和个人魅力。

**颈饰与体型的协调** 颈饰不但可以增添无限魅力还可以修正或掩饰人体的某些缺陷。如偏矮型体型选择颈饰的原则是以柔克刚，冲淡硬气以增添纤柔感，宜选细长而造型简洁的项链，最好选择淡雅的珍珠挂坠与之相配。偏高型体型原则应是光彩两侧，淡化中央，项链宜粗而长，挂坠的造型要大而丰富。清瘦型体型选择佩戴首饰的原则是淡饰中央而光彩两侧，为使脖子显得短些，项链与挂坠宜选细小而简洁者，且不宜过长。粗胖型体型特征佩戴首饰时要求削弱身体两侧。项链的挂坠造型，宜选长而细、大而多姿的，这类首饰明亮迷人，容易吸引他人视线。

**颈饰为主的首饰套装与环境的协调** 首饰套装，如耳环、项链、戒指三件以上的首饰，要考虑首饰的整体规律和统一造型。一般来说，首饰套装的造型应以项链的造型为主，其他首饰相应配合。套饰由于数量的增多，色彩的重量增大，在与服装的色彩和造型设计上影响就会相对较大。因此，一定要注意搭配，以及与佩戴环境的协调。例如，翡翠套装最好是在出席晚间的正式场合佩戴，而在日光下，满身的绿色，会过于刺眼。白金、蓝宝石套饰在日光下会显得沉稳一些。红宝石、钻石套饰在灯光下会有好的效果，珍珠套饰有着较强的适应性，在多数场合，均不会显得刺眼。英国王妃戴安娜，有不少的珍珠套饰，她经常佩戴珍珠套饰出席各种场合，总是显得优雅华贵。

商务女性应该有一套珍珠套饰，以备使用，它与服装的搭配也不是十分苛刻的。职业女性平时多准备几款饰品，挑选出上班常用的，装成一盒，可以节省不少选择搭配时间。

**4. 手饰——表情达意**

手饰主要包括指饰和腕饰两种。指饰主要是戒指，腕饰包括手镯与手链等。

**戒指**　指饰不仅是一种重要的饰品，还是特定信息的传递物。戒指在古代也称“指环”、“驱环”、“约指”和“手记”等，汉代时作为婚姻信物，明代尤为盛行。在西方大多数国家，戒指是希望、快乐和同心的象征，琥珀戒指象征着幸运，钻石戒指戴在男性手指上象征着勇敢与坚定，戴在女性手上象征着高贵。

佩戴戒指应遵从有关传统和习惯，在商务场合不靠佩戴的饰品去标新立异。如镶有太大颗的玉、太高档的戒指等都不宜出现在工作场所。

戒指的表情。戒指的形状及其造型，对于表现手指的“表情”具有重要作用，女性要纤细，男性要宽厚，如果要表现可爱，可选招手摇摆型的戒指，而要表现高雅，可选择具有优美曲线的流线型的戒指。在同一个手指上选用不同造型的戒指可以改变一个人的情调。天元戒适合中年人佩戴，以显示中年人的稳重与温厚；嵌宝戒适于用中青年的女性佩戴，特别是白嫩丰满的手指，选戴嵌红、蓝、绿宝石戒指，显得华美。

选择戒指应与手指搭配。食指的戒指要有个性，食指常用来指引方向，它的侧面也暴露在外，戴在食指上的戒指比较显眼，在选择食指上的戒指时，戒指的造型很重要，可以选用面积较大造型突出的戒指，但是要注意掌握分寸。戴在食指上，还有表示想结婚和已经求婚的含义。

中指的戒指要有分量。中指能带给你灵感，同时也是最长的手指，最为显眼。比较适宜选用造型别致尤其是对称形的戒指。

无名指的戒指要优雅。无名指给人一种纤细温柔，很有女人味的感觉，因此小而精巧的戒指更适宜。相传无名指上有一条“爱的血管”直通心脏，因此人们把戒指戴在这里以示心心相印，百年好合。

小拇指的戒指要自在。小指象征着机会，在五个手指中它最细小而且在最外侧。它适宜戴自由自在、名贵造型的戒指。女性还可选用可爱的带件的戒指或摇摆型戒指。

戒指通常戴在左手上，戴在食指表示求爱，在中指上表示处在恋爱中，戴在小手指上，则暗示自己是一位独身主义者。在不少西方国家，未婚女子的戒指戴在右手而不是左手上。修女的戒指戴在右手无名指上，这意味着她把爱献给了上帝。一般情况下，一只手上只戴一枚戒指，戴两枚或两枚以上的戒指是不适宜的。

戒指与手形的协调。选择戒指应与自己的手型相配。手指粗短者，宜选用不规则图形如椭圆形、梨形等为好。手指纤细者，可选用较为丰满的戒指佩戴，如圆形、心形等，当手指关节大时，戴戒指的要点是不要让凸出的指关节显眼。应选用面积比较大的戒指或是摇摆形的戒指。将人们的视线引向戒指，使指关节不惹人注目。若手指比较短，要尽可能选用竖线条的V形戒指或摇摆形戒指，从而使手指显得修长。若手指比较粗或手掌较大时，与戒指大小的平衡很重要，不仅要选择纵向线条的戒指，还应选择大小与手指相般配的戒指。

**手镯与手链——腕上的风景**　手镯，也是男女之间馈赠的信物和定情首饰。手镯多为宝石精磨细做而成，常用来制作手镯的多为翡翠、玛瑙、松石、珊瑚等。而手链是手镯的换代产品，多用金、银及镀金等制作而成，比手镯更精巧。手链应避免配有响铃。

戴手镯有一定的讲究。手镯一般戴在右腕上，表明佩戴者是自由而不受约束的，如果在左腕上或左右两腕同时佩戴，表明佩戴者已经结婚。一只手上一般不能同时戴两只或两只以上的手镯和手链，如非要同时戴三只手镯，则要一齐戴在左手上。另外女性的手表要高贵、小巧，而手镯要大一点，不能手镯与手表同时佩戴。

手部不太漂亮的人要注意，手上戴的东西越多，反倒容易暴露自己的短处，那些注意你的首饰的人不可能不注意你的手。

建议佩戴手饰要选择简单中带有典雅风格的，颜色要单纯，线条要利落，款式要配合服装及化妆。手镯如能与耳环或项链同款式，则给人一种和谐美的感觉。

**【案例】　一双白袜子毁了一桩大生意**

某公司的老总到国外宣传推广自己的企业，来宾都是国际著名的投资公司管理人员。场面很隆重。但听众们发现台上的老总虽然西装革履，裤脚下却露出一截“飞毛腿”，原来老总的黑皮鞋里是一双白色袜子。这样的穿着在商务场合是有失礼仪的。来宾们因此产生了疑问：这样一个公司老总能管好他的企业吗？这个公司的品质能保证吗？后来合作也就不了了之。

**案例分析：**如果你是这位老总的秘书，你能为他设计形象吗？包括他的服装及饰品。

# 第五章

# 印象深刻的商务见面礼仪

*和蔼可亲的态度是永远的介绍信。*

——培根

*如何打开沟通的线路呢？尽快地，最好是一张口说话便指出自己与听众之间有某种直接的关系。*

——卡耐基

商务见面礼仪是最常用和最基础的礼仪，主要表现为称呼、握手、相互介绍和递送名片等礼仪，它是商务人员的基本礼仪规范，是衡量商务人员基本素质的重要指标。

在商务交往中，见面时行一个标准的见面礼，会给对方留下深刻而美好的印象，为以后的深入交往打下基础。

## 一 把好印象深植对方心中——称呼礼仪

*记住对方的名字，并把它叫出来，等于给对方一个很美妙的赞美。而若是把他的名字忘了，或写错了，你就会处于不利的地位。*

——卡耐基

称呼指的是人们在人际交往应酬之中，所采用的彼此之间的称谓语。称呼，看似简单，但只要留心现代称呼名目的复杂，就会明白一个适宜得体的称呼，常会发生微妙的作用。如有人喜欢叫女士，有人爱叫小姐。因此在拜访别人之前你最好调查清楚，以免误事，若有人在旁介绍，则应按介绍人所用的称呼方法，不可擅自更改。

商务场合称呼要庄重、正式、规范。一句得体的称呼，既能引起对方的注意，也一下子拉近了双方的距离，同时为开启下文创造条件。熟谙其中奥秘的政治家十分注意使用称呼的心理战术，有意地缩短或保持距离，如美国前总统里根与日本前首相中曾根康弘第一次会谈，双方互用昵称，亲密之情洋溢会场。

**1. 常见的称呼**

称呼的基本原则是根据对方的年龄、职务、职称、地位、身份、辈分，以及关系的亲疏、感情深浅选择恰当的称呼。要表现尊敬、亲切和文雅，使双方心灵沟通，感情融洽，缩短彼此间的距离。常见的称呼主要有以下几种：

**职务性称呼** 以交往对象的职务相称，以示身份有别、敬意有加，这是一种最常见的称呼。职务性称呼可只称职务或在职务前加上姓氏，在正式的场合，可在职务前加上姓名。

**职称性称呼** 对于具有职称者，尤其是具有高级、中级职称者，在工作中直接以其职称相称。

**行业性称呼** 在工作中，有时可按行业进行称呼。对于从事某些特定行业的人，可直接称呼对方的职业，如老师、医生、会计、律师等，也可以在职业前加上姓氏、姓名。

**性别性称呼** 对于从事商界、服务性行业的人，一般约定俗成地按性别的不同分别称呼“小姐”、“女士”或“先生”，“小姐”是称未婚女性，“女士”是称已婚女性。先生两字是最普通的，甚至可以通用到称呼一切高级职位的人们，当你觉得没有称呼他的职衔之必要，或急切中不知如何称呼的时候，就称他为先生吧！

**姓名性称呼** 在工作岗位上称呼姓名，一般限于同事、熟人之间。一般有三种情况：可以直呼其名；只呼其姓，要在姓前加上“老、大、小”等前缀；只称其名，不呼其姓，通常限于同性之间，尤其是上司称呼下级、长辈称呼晚辈，在亲友、同学、邻里之间，也可使用这种称呼。若对医生、律师、教授、法官等具有博士学位的人士，均可单独直接称呼，同时可加上姓氏或先生。如王力教授、律师先生等。而你如果是一个宴会的主人，在一个适宜的情形下，你直呼客人们的名字，可以打破会场中严肃拘谨的空气，使客人们受到你的暗示而更感到自由随便的愉快。

**亲属称呼** 面对外人，对亲属的称呼可根据不同情况采取谦称或敬称，称辈分或年龄高于自己的直系亲属，可以在其称呼前加“家”字，如“家父”。称辈分或年龄低于自己的亲属，可在其称呼前加“舍”字，如“舍妹”，称自己的子女可加“小”字，如“小女”等。对他人的亲属用敬称，对其长辈加“尊”字，对其平辈加“贤”字，若在称呼之前加“令”字，可不分长幼，如“令堂”、“令郎”等。

**2. 注意称呼礼仪的细节**

称呼要合乎常规，要照顾被称呼者的个人习惯，入乡随俗。

在多人场合，要顾及主从关系。称呼人的顺序一般先上后下，先长后幼，先疏后亲，先女后男。

关系越熟悉越要注意称呼。人人需要被人尊重，越是熟人，越要彼此尊重。因此一定要坚持称呼对方的姓加职务，尤其是有其他人在场的情况下。

称呼对方时，不要一带而过。在交谈过程中，称呼对方时要加重语气，称呼完了停顿一会儿，然后再谈正事，这样才能引起对方的注意。如果太不注意对方的姓名或轻轻带过，那么对方很可能对你谈的事情引不起兴趣。

根据不同的角色和心理位置，采取不同的称呼，有时一个人分处两种环境，对同一个人就根据环境的变化使用两种称呼。

## 二 穿针引线的介绍礼仪

*如果我们要交朋友，就要以高兴和真诚去迎接别人。*

——卡耐基

介绍是人际交往中与他人进行沟通、增进了解、建立联系的一种最基本、最常规的方式，是人与人进行相互沟通的出发点。

在商务场合，如能正确地利用介绍艺术，不仅可以扩大自己的交际圈，广交朋友，而且有助于自我展示、自我宣传。介绍包括自我介绍和他人介绍两种。

**1. 自我介绍的礼仪**

自我介绍是推销自身形象和价值的一种重要手段。如求职应聘、参加竞选或电话约见未曾谋面的人，皆需要自我介绍。在商务活动中，如欲结识某人而又无人引见,也需要自我介绍。但如果有介绍人在场,自我介绍则被视为不礼貌的。

自我介绍时应先向对方点头致意,得到回应后再向对方介绍自己的姓名、身份、单位等。自我介绍要注意方式和分寸。

**自我介绍的方式** 自我介绍一般包括姓名、籍贯、职业、职务、工作单位或住址、毕业学校、经历、特长或兴趣等。自我介绍时应根据实际需要来决定介绍的繁简,不一定把上述内容逐一说出。自我介绍方式主要包括以下几种:

应酬式。适用于某些公共场合和一般性的社交场合,这种自我介绍最为简洁,往往只包括姓名一项即可。如:"你好,我叫王力。"

工作式。适用于工作场合,它包括本人姓名、供职单位及其部门、职务或从事的具体工作等。如:"你好,我叫王力,是三国电脑公司的销售经理。"

交流式。适用于社交活动中,希望与交往对象进一步交流与沟通。它大体应包括介绍者的姓名、工作、籍贯、学历、兴趣及与交往对象的某些熟人的关系。如:"你好,我叫王力,在三国电脑公司工作。我是李良的老乡,都是杭州人。"

礼仪式。适用于讲座、报告、演出、庆典、仪式等一些正规而隆重的场合。这时面对听众作自我介绍,最好既简明扼要,又要有特色,有时还应加入一些适当的谦词、敬词,留给听众一个良好的第一印象。如:"女士们,先生们,大家好!我叫王力,是三国电脑公司的销售经理。值此之际,谨代表本公司热烈欢迎各位来宾莅临指导,谢谢大家。"

问答式。针对对方提出的问题,做出自己的回答,这种方式适用于应聘和公务往来。如对方发问:"请问先生贵姓?"回答:"免贵姓王,三横王。"

在非正式场合,自我介绍要注意一些细小的礼仪细节。比如,某甲或某乙正在交谈,你想加入,而你们彼此又不认识,你就应该选择甲乙谈话出现停顿的时候再去自我介绍,并说"很抱歉,可以打扰一下吗?我是王力"、"你们好,请允许我自己介绍一下……"之类的话。

**自我介绍的分寸** 掌握时机和在适当的场合,如对方有空闲,而且情绪较好,又有兴趣时,这样就不会打扰对方。有经验的人会先递名片再作介绍,这样什么头衔、什么职务都不用说了,顶多把名字重复一下。

节省时间。自我介绍时要简洁,尽可能地节省时间,以半分钟左右为佳。正规场合要自我介绍,要训练有素,一气呵成。如果单位和部门名称较长,第一次介绍的时候使用全称,第二次就可以改简称。

讲究态度。进行自我介绍,态度一定要既自信又亲切、随和,彬彬有礼。语气要自然,语速要正常,语音要清晰。

要求真实诚恳。进行自我介绍要实事求是,真实可信,不可自吹自擂,夸大其词,不宜用"很"、"第一"等表示极端赞颂的词,也不必有意贬低。

**2. 介绍他人的礼仪**

商务场合互不相识的人,介绍常常是通过第三者进行的。介绍他人,又称第三者介绍,是经第三者为彼此不相识的双方引见介绍的一种交际方式。介绍他人通常是双向的,即将被介绍者双方各作一番介绍。有时也可进行单向的介绍。为他人介绍时还可说明被介绍者与自己的关系,便于新结识的人相互了解与信任。为他人作介绍时应遵循基本礼仪原则。

**介绍他人的方式** 一般式,也称标准式。以介绍双方的姓名、单位、职务为主,适用于正式的场合。如:"请允许我来为两位引见一下,这位是保险公司营销总监徐青小姐,这位是一山集团副总王燕小姐。"

简单式。只介绍双方姓名或姓,适用一般的社交场合。如:"我来为大家介绍一下,这位是徐经理,这位是王董,希望大家合作愉快。"

引见式。介绍者将被介绍者引到一起,即可适用于普通场合。如:"让我们来认识一下吧,大家其实都是在一个集团公司共事,只不过不在同一个部门,接下来,请自己来说吧。"

推荐式。介绍者将某人举荐给对方,重点介绍被举荐者的优点和长处,适用于较正规的场合。如:"这位是徐奇先生,这位是海伦建筑集团公司的赵总。徐先生是建筑学的博士,我想赵总会有兴趣与他谈谈吧。"

礼仪式。其语气、称呼较为规范和谦恭。是一种最为正规的介绍,适用于正式场合。如:"孙小姐,你好,请允许我把上海发洋公司人事总监余吟先生介绍给你。余先生,这位是大连众旭公司的副总孙笑小姐。"

**介绍他人的礼仪细节** 介绍有先后次序,为他人作介绍时必须遵守"尊者优先"的规则。即先介绍位卑者,后介绍位尊者,可使尊者优先了解情况。一般是先把男士介绍给女士,把年轻者介绍给年长者,把地位低的人介绍给地位高的人,把未婚者介绍给已婚者。性别与地位发生不一致时,应按地位顺序来介绍,同辈、同性之间可平等介绍,集体介绍时按座次顺序,也可以贵宾开始介绍。

选择合适的介绍人。注意按照社交的惯例,介绍人一般应该是女主人。在国际交往中,介绍人一般是三种人:专业对口人员,公关礼宾人员,如果来了贵宾,则需身份对等的人做介绍人。

做个合格的介绍人。介绍人在向他人作介绍时,要了解对方是否有结识的愿望。最好不要向一位有身份的人介绍他不愿认识的人。介绍时,应先向双方打招呼,使双方互有思想准备,同时要避免并克服羞怯心理。介绍时可多使用敬词,并适当地用赞美词介绍对方。介绍后应略停片刻,引导双方交谈,再借故离开。介绍具体人时,要有礼貌地以手示意,而不要用手指指点。

做个礼貌的被介绍者。在介绍者询问自己是否有意认识某人时,一般不应拒绝,而应欣然应允,实在不愿意时,则应说明理由。被介绍时,眼睛正视对方。除年长或位尊者外,被介绍双方最好站起来点头致意或握手致意,同时应说声:"您好,认识您很高兴"或"真荣幸能认识您"等得体的礼貌语言。

## 三 传情达意的握手礼仪

*学习如何握手,使你能够经由这种寒暄方式,表达出温柔与热情。*

*——拿破仑·希尔*

握手礼是大多数国家相互见面和离别时的礼节,是在商务活动中使用得最多的也最灵活方便的行为语言,有极强的表现力。握手的力量、姿势与时间的长短往往能够表达握手人对对方的不同礼遇与态度,显露自己的个性,给人留下不同印象;也可以通过握手来了解对方的个性,从而赢得交际的主动。美国女作家海伦·凯勒说:"我接触的手有的能拒人千里之外,有的充满阳光,你会感到很温暖。"

握手是人们在商务场合中不可缺少的礼节,既大方又优雅地与人握手,是一种交际艺术。

**1. 握手的礼仪顺序**

在正式场合,握手时伸手的先后顺序颇为讲究,一般讲究"尊者决定",

即由身份尊贵的人决定双方有无握手的必要。

正确的顺序是:上下级之间,上级伸手后,下级才能伸手相握。长辈与晚辈之间,长辈伸出手后,晚辈才能伸手相握;男女之间,女士伸出手后,男士才能伸手相握。倘若后者"先下手为强",抢先伸出手去,却得不到前者良好的反应,会令人很难堪的。而在朋友、平辈人见面时,一般认为谁伸手快,谁更为有礼。另外,遇到祝贺对方,宽慰对方或谅解对方,应主动伸手。但无论什么人如果他忽略了握手礼的先后次序而已经伸了手,对方都应毫不迟疑地回握。

握手时双方以温暖的掌心相握,流露出诚挚、温暖、亲切的笑容。男青年切勿用力过大,女青年切勿过于冷漠。请记住:盈盈一握,包含了是否令人愉快、信任、接受的契机。

**2. 握手的标准姿势**

在人们问候之后或互致问候之时,双方各自伸出自己的右手,彼此之间保持一步左右的距离,以手指稍用力握住对方的手掌,上下轻摇,一般两三秒为宜。握手时上身要略微前倾,注视对方,微笑致意或简单地用言语致意、寒暄。标准的握手姿势应该是平等式,因此男士与女士握手时,不可只握一下女士的手指部分。

不同的握手姿势含义不同,给人的礼遇也不同,一般只要适合双方的情意即可。握手时掌心向下,往往显得傲慢,居高临下,是一个"控制式"的握手方式。握手时掌心向上,则表示谦卑与恭敬,是"乞讨式"的握手方式。双手去握对方的手,既可表示更加尊重、亲切,也可表示更加感激、有求于人之意,是"手套式"的握手方式。握手漫不经心,是"死鱼式"的握手方式。握手过于用力,是"蛮横式"的握手方式。若握手时轻轻触一下对方的指尖,给人以清高冰冷的感觉,是"抓指尖式"的握手方式。无论采用哪种握手方式,关键要看握手者所要表达的意思,一般以标准的握手方式为好。

**3. 握手的禁忌**

与人见面时,不可戴着手套与人握手。女士戴薄手套是许可的。但摘下来未必有失身份,与长辈、嘉宾握手时更是如此。

不要用左手相握。穆斯林与印度人都认为,左手仅只适用于为自己洗浴,或是去洗手间方便,右手才负有高雅的使命。

握手时间不要太久或太短。握手的时间通常是 3~5 秒钟。匆匆握一下就松手显得敷衍,长久地握着不放,尤其是与异性握手时,则给人“爱不释手”的感觉。

应该站着握手,不然两个人都坐着。如果你坐着,有人走来和你握手,你必须站起来。如果多人同时握手致意不要交叉,待别人握完再伸手。

不要心不在焉地握手。握手时要热情,面带笑容,注视对方的眼睛,握手时不可东张西望或低头俯视地面,也不可以把一只手放在口袋里。握手后切忌用手帕擦手。

## 四 一个人的广告——名片礼仪

*人类不自觉中的心理状态,能在自身不留意间,于冲动中毫无保留地暴露出来。*

*——弗洛伊德*

*世界上最动听的声音是自己的名字。*

*——佚名*

名片像一个人的履历表,递送名片的同时,也是在告诉对方自己是谁、住在何处及如何联络等。由此可知,名片是每个人最重要的书面介绍材料,在交际场合,使用名片是推销自己的一个重要手段。特别是在重要的交际场合,一个没有名片的人,被视为没有社会地位的人,而且一个不随身携带名片的人,是不尊重别人的人。因此千万不要忘记带名片。正确规范地运用名片礼仪,会给人留下美好的印象,为事业成功打下良好的基础。

**1. 名片的设计**

*名片的材料* 名片讲究实用,使用卡片纸即可,不必使用昂贵的材料,如果出于环保的考虑,用再生纸甚至用打印纸也可以。

*名片的规格* 根据国家、个人习惯不尽相同,一般是统一规格 5.5×9 厘米,太大太小皆不适合。在国际社会一些人用的名片规格比我们大一点,是 6×10.6 厘米。

*名片的色彩* 名片的颜色最好少,两种颜色其实是最好的,纸一种颜色,字一种颜色,顶多加一徽记,色彩总体上要控制在三种颜色之内。纸张的颜色最好选择天然质地的白色或者浅灰色、浅蓝色、浅黄色等,这样印上

深色的字比较醒目。

**名片的内容** 名片左上角印上归属:单位、部门和组织的标志。正中间印上称谓:姓名、职务和学术技术职称。右下角印上联络方式。名片设计中称谓最为重要。因为你的名片对他人重要与否,关键是你的身份决定的,拥有什么职位和地位,具备什么技能和专长,都是你对别人有多大"使用价值"的基础。从商务角度上来说,名片应实些,不要太虚,一般不提供两个以上的头衔。有的人一大堆头衔,不如突出重点,把最实在的信息传达给对方。一般有地位有身份的人,身上会带有好几种名片,对不同的交往对象,强调自己不同身份的时候,会使用不同的名片。为了保护个人隐私,一般不提供私宅电话,也不要向别人索取私宅电话。

**名片的印制** 名片最好是铅印或打印而不要手写。名片样式有横式和竖式两种,一般以横排为多。

**2. 使用名片的礼仪**

**交换名片的顺序** 一般是"先客后主,先低后高",即客人先把名片递给主人,地位低的人先把名片递给地位高的人,男性先向女性递名片。但如果对方先出来,则不必谦让,大方收下,然后再回赠名片。当与多人交换名片时,应按照职位高低顺序或是由近及远,依次进行,不可跳跃式进行。

**发送名片的时机** 当双方谈得较融洽,表示愿意建立联系时就应出示名片;当双方告辞时,可顺手取出自己的名片递给对方,以示愿结识对方并希望能再次相见,这样可加深对方对你的印象。还有希望认识对方、被介绍给对方、对方提议交换名片、打算获得对方的名片、登门拜访对方等,都是发送名片的好时机。

**发送名片的礼仪** 递名片时应起身站立,走上前去,使用双手或者右手,将名片正面对着对方,递给对方。出示名片时要双目正视对方,并说些诸如"请多关照"之类的寒暄语。切忌目光游移或漫不经心。若一次同许多人交换名片,而且都是初交,那么最好依照座次来交换。交换名片时如果名片用完,可用干净的纸代替,在上面写下个人资料。

**接受名片的礼节** 接受名片时,应目视对方,恭恭敬敬用双手或右手接,使对方感到你对此名片很感兴趣。接到名片时要认真地看一下,不明白之处可向对方请教,有时可有意识地重复对方的姓名和职务,以示对对方的尊重。也可说"认识你很高兴"之类的客气话,然后郑重地放入自己的口袋、名片夹或其他稳妥的地方，切忌接过名片一眼不看就随手放在一边，也不要在手中随意玩弄，否则会伤害对方的自尊，影响彼此的交往。接到名片后，如自己带有名片，可马上送上，如没有带，可采用委婉的表达，“不好意思，名片用完了，抱歉今天没有带”。并主动作自我介绍。

**3．使用名片禁忌**

忌在用餐时发送名片。

忌发送破损、脏污或涂改过的名片。

忌像收集名片似的逢人便要。

忌用左手接受或递送名片。无论接受名片还是递上名片，都必须用双手或右手。

遇到以下几种情况，不需要把自己的名片递给对方：不想认识或不想与对方深交；对方对自己并不感兴趣；对方是陌生人且以后不需要交往；双方地位身份差别悬殊。

**【案例】　　令人遗憾的见面礼**

王先生是集团公司的老总，主要代理国内知名品牌的服饰。一天他接待了来访的某服装厂主管销售的李先生。只见李先生被秘书领进了王先生的办公室，未等秘书介绍，李先生就热情地伸出右手，让王先生握了握，便缩了回去，然后用左手递上名片作自我介绍：“你好，我姓李。我代表公司想跟你谈谈服饰代理事宜。”不到五分钟，王先生就托辞结束了初次见面。

**案例分析**：分析李先生初次见面失败的原因。如何才能行一个漂亮的见面礼？

# 第六章

# 彬彬有礼的商务言谈礼仪

*成功的交谈，并没有什么神秘。专心注意那个对你说话的人，是非常重要的。再也没有比这么做更具恭维的效果了。*

*——戴尔·卡耐基*

*在讨论或反驳中，也许你赢了对方，但那样的胜利是空虚的，因为你绝对无法赢得对方的好感。*

*——富兰克林*

*倘若要说服他人，首先就要想方设法使人听得进你所说的话。*

*——昆体利安*

*说话能力绝非话术，而是指双方能够“谈得拢”的能力而言。*

*——原一平*

商务人员在职场能否赢得别人的好感，获得一个好人缘，语言的驾驭能力和言谈的技巧很重要。但并非口若悬河、口吐莲花就是一个善于言谈者。真正善于言谈者，应具有良好的逻辑思维能力，清晰的语言表达能力，看对象说话，看场合说话。

20 世纪 90 年代，斯坦福大学教授哈勒尔对毕业十年的企管硕士进行研究，试图找出成就显赫人士的特质，研究发现：学习成绩好坏与成就无关，说话能力非凡几乎是功成名就者的共同点：个性随和，使人容易亲近；健谈，不但与同事、朋友、陌生人、老板、同业攀谈，还能在观众面前侃侃而谈。由此得出成功方程式：口才超群 = 成功与富裕。因此掌握言谈中的一些基本规则和技巧，是商务人员在职场取得成功的重要秘诀。

## 一　闲谈是交谈的热身准备

*口语沟通是传达新观念或新策略的关键力量，也是个人拓展视野、结交新知的有力法宝。*

*——纽顿*

*为了与人谈话，消息必须十分灵通才行，为了消息灵通，一定得多读书。*

*——佚名*

音乐始于序曲，交谈起于闲谈。闲谈是轻松或琐碎的谈话，看似微不足道无足轻重，其实有重要价值。懂得闲谈艺术已成为商界个人成功的金科玉律。

**1. 闲谈的价值**

*闲谈可以建立你的好形象*　闲谈的好处在于为彼此相识和了解提供一个机会，在闲谈中可以了解对方的生活兴趣和经验，建立融洽的人际关系。美国一所大学经研究发现，一个人的工作不能取得进展，80％不是因为缺乏技术能力或商务知识，而是因为缺乏交际技巧，懂得如何闲谈是人际交往的重要内容。闲谈水平高的人，一定是资讯先进话题丰富的人。平常十分重视对各种知识的积累，天文地理、风土人情、古今中外的事情都知晓一二，这样聊起来才能引经据典、优美流畅、轻松自如，不论和谁都能侃侃而谈，从而给人留下美好的印象。

*闲谈可以带来新的商业机会*　闲谈可以打破双方陌生的界限，缩短熟人之间的情感，为交谈双方创造一个理想的谈话气氛。《你是五星级》的作者洛德认为："闲谈是最好的建立你的好形象的方式。因为闲谈轻松、惬意，能用最快、最便捷的方式拉近人之间的距离，这是我与客户建立良好个人友谊的最大秘诀，我在谈话、动作上都尽量寻找并配合对方的兴趣和肢体语言。因为模仿对方的行为很容易引起对方的好感，再加上广博的知识，使我结识了不少有经济实力的潜在客户，开拓了新的商业机会。"

*闲谈可以为生活增添乐趣*　轻松愉快的闲谈可以使人接受新信息，增长知识，获得经验，让生活变得多姿多彩。

2. 闲谈的艺术

*选择闲谈的时机与场合* 会议前、演奏会开始之前、晚宴中或机场候车室等都是闲谈的好时机。天气状况、文化动态、眼前的山水风景、昨日的历史风物等皆是闲谈的话题。懂得闲谈艺术的人会看场合闲谈，如公关专家到企业讲授有关企业形象的课，看到公司大楼豪华大气，装修富丽堂皇，于是在正式授课前先聊聊公司的大楼，从大楼的豪华谈到企业的雄厚实力，然后再引到企业形象塑造的正题上来，一下子拉近了彼此间的距离。但如果大楼破旧，装饰简陋，公关专家却说同样的话，主人就会觉得是在讽刺挖苦他。因此真正的说话高手会选择正确的时机和场合说出合适的话。

*选择共同感兴趣的话题* 共同的兴趣是引发交谈的最佳方法。北京新东方教育集团俞敏洪回忆创业之初时说："去美国观察并拜访老同学时，连闲谈、喝酒都是以如何回国创办教育为话题。这样既沟通了思想，又在喝酒时促成两位北大的同学回国加盟新东方打下了基础。"闲谈只要主题明确，方法得当，并用适当的幽默和玩笑来活跃谈话的气氛，双方友情就会发展到新的高度。

*考虑交往对象闲谈* 懂得闲谈艺术的人会看准闲谈的对象，选择闲谈的话题。如与学者聊轻松幽默故事或奇闻轶事，与主妇聊市场行情与流行时尚，与老人聊养生之道等。如果对方有一条珍爱的宠物狗，聊聊养狗经也无妨。卡耐基认为："打动人心的最佳方式，是跟他谈论最珍贵的事物。当你做时，不但会受到欢迎，也会使生命获得扩展。"

3. 闲谈禁忌

在闲谈中，于人不利或令人索然寡味的话题应尽量避免。

与女性闲谈不可贸然打听对方年龄、体重以及婚姻状况等。

尽量不要暴露自己的隐私和弱点，否则会造成双方心中的隐患感。

在公众场合不要向别人诉说自己不幸的故事，也不要谈论别人的不幸遭遇。

不要谈论争议性很大的问题。

避免满口的俚语污言秽语和行话。

避免低级笑话和小道消息。

总之，不要为闲谈占用太多的时间，也不要轻视闲谈的重要作用而放弃闲谈。闲谈要讲究分寸，适可而止。

## 二 交谈要恰到好处

*同样一句话，从不同的人嘴里说出来，也可能因为音强、音调、音质的不同，面部表情有异，而带有不同的涵义，给人以不同的感觉*

——黑格尔

*在给人留下的印象中，你的声音起38%的作用。*

——卡尔

孔子在《论语》中说：可与言而不与言，失人；不可与言而与之言，失言；知者不失人，也不失言。说的就是交谈要恰到好处。一个训练有素的人，不但能准确、清晰地表达，而且能发挥智慧，风趣幽默，音质柔和饱满，表情轻松自然，给对方留下非常美好的感觉。

### 1. 谈吐要谦逊文雅

语言是内心世界的表现，一个人的教养和为人在交谈中会自然流露出来。美国前哈佛大学校长伊立特认为："在造就一个有教养的人的教育中，有一种训练必不可少，那就是优美、高雅的谈吐。"谈吐彬彬有礼的关键是要尊重对方、自我谦让和风趣幽默。

**多使用礼貌用语** 礼貌用语是尊重他人的具体表现，是友好关系的敲门砖。在日常生活尤其是社交中，多说客气话不仅表示尊重别人，而且也表明自己有修养。礼貌用语主要包括敬语、谦语和雅语。

敬语。在一些正规的场合以及一些有长辈或女性在场的情况下，多使用敬语、谦语。对他人大多用敬语，对自己用谦语，即外敬内谦。常用的敬语：商务等待客人为"恭候"；宾客到了为"光临"；陪伴客人为"奉陪"；请人勿送为"请留步"；初次见面为"久仰"；很久不见为"久违"；请人批评为"指教"；麻烦别人称"打扰"；求人方便为"借光"；托人办事为"拜托"等等。敬语中使用较多的是"请"字，多含有谦虚、尊重对方的意思，如招待客人端茶时说"请用茶"，比别人先结束用餐，向其他人打招呼说"请大家慢用"等。"请"字用在指令性的句子中会更显得有礼貌，语气委婉、柔和。如"请稍等"、"请帮帮忙"、"请你来一下"等。有人总结了四句话："请"字开路，"谢谢"压阵，"对不起"不离口，"上午好"、"下午好"、"晚上好"、"晚安"这类的问候语天天说。

谦语。谦语是向人表示谦恭和自谦的词语。其最通常的用法是在别人面前谦称自己和自己的家人。如称自己为“愚”、“晚辈”、“学生”、“在下”，谦称家人为“家父”、“家慈”、“舍妹”等。如言行失误时，说“失礼了”、“很抱歉”、“不好意思”等等。

雅语。雅语是指一些比较文雅的词语。在一些正规的场合以及一些有长辈和女性在场的情况下，雅语被用来替代那些人们不喜欢听或比较随便，甚至粗俗的话语。如不说“死亡”而说“不在了”，不说“上厕所”而说“去洗手间”或“对不起，我出去一下”，一般人都会心领神会。多使用雅语，能体现出一个人的文化素养以及对他人的尊重。

**说服他人要委婉含蓄**　除非某些正式场合，为了捍卫民族利益或单位利益，必须针锋相对，寸土必争，一般情况下，拒绝别人或表达不同意见时，一定要顾及他人的面子，以委婉的方式指出他人的错误。美国哲学家、教育家艾德勒认为：“把交谈当作争论的人不管正确与否，只想充当一个对抗者，只想以成功地表示反对来获得胜利。”因此维护对方的自尊心，是谈话成功的最大原则。

说服对方，最好耐心细致、温言细语，把话说得既明白又动听。西方有句谚语：一滴蜜汁比一加仑的胆汁更能吸引苍蝇。想说服一个人，如果让他认为你是他的挚友，说服效果会更佳。特别注意在大庭广众之下，不能斥责他人，不能说粗话脏话和难听的话。同样一种意思，如说“你的想法是错误的”改为“我们是否还可以有其他思路”呢，这样就会显得更委婉，更容易使人接受。

人人需要被别人肯定。有时先说自己错在哪里或先表扬他，然后再批评他，效果会更好。卡耐基曾说：“当我们听到别人对我们的某些长处表示赞赏后再听到他的批评，我们的心理就好受得多。”因此批评他人时，不妨先肯定后否定，既顾全了对方的自尊心，又可以让对方有台阶下。

**适度赞美他人**　礼仪专家认为恰如其分的赞美能引起对方的好感。服务业著名的敬人原则（即：接受、重视、赞美对方），在商务交往中也是很值得借鉴的。善于赞美别人，便能赢得更多的知己，获得更多的友情与帮助。许多人的成功秘诀在于慷慨大方地赞美他人。赞美对方的衣着、人品、才能、学识乃至家庭幸福等，既愉悦对方，又显示自己的胸襟宽阔和善解人意。当然赞美也不是一件容易的事，不是人人都懂得赞美，赞美也是需要修炼的。

首先赞美要发自内心。实事求是地赞美对方，力戒阿谀奉承。只有发自内心的话语才能真正"好语暖人心"。要善于挖掘对方的优点，赞美才有价值。如面对女性可赞美其年轻，不年轻可赞美其漂亮，不漂亮可赞美其才气，没才气可赞美其脾气好、衣着有品位等。对方总有闪光的地方值得赞美的。

其次是赞美要因人而异。赞美前，要了解对方的爱好、兴趣、人品、社会地位等，避免泛泛而谈。要赞美对方引以为傲的事，如男士喜欢别人称道自己风趣幽默有风度，老人喜听人夸他阅历丰富身体健康，母亲喜欢别人夸她孩子聪明有出息等。适当地道出各人心中渴望得到的赞美，从而增加对方的幸福感，又在对方心中植下好印象，何乐而不为？

再次是赞美要自然适度。自然适度的赞美可以建立良好的人际关系。生硬的赞美或不符合实际的赞美会使对方理解为讽刺，更有损自己人格。如对方明明穷困潦倒，你却赞美其事业有成，这是对他人的极大讽刺。同时要避免过于夸张或陈词滥调的赞美辞，如久仰大名、三生有幸等。也不要冲撞对方的忌讳，如对方秃顶你却夸他"聪明绝顶"等。

*幽默是人际交往的天使* 有人说："没有幽默感的人是一尊雕像。"一个风趣幽默的人，往往开朗、热情，让人感觉随和亲切，平易近人，容易接触。在交际场合，幽默的语言极易迅速打开交际局面，使气氛轻松、活跃、融洽。在出现意见有分歧的难堪场面时，幽默、诙谐便可成为紧张情境中的缓冲剂，使朋友、同事摆脱窘境或消除敌意。此外，幽默还用来含蓄地拒绝对方的要求，或进行一种善意的批评。王光英初到香港创办"光大实业公司"，一位女记者故意发难："你带了多少钱？"王光英从容回答："对女士不问年龄，对男士不问钱数，小姐这是基本常识，你说对吗？"王先生的幽默风趣赢得了记者们的热烈掌声。

幽默不是天生的，但是人人可以习得。首先要做一个心中充满快乐的人。快乐是幽默的源泉。一个对生活工作充满自信的人，才有可能幽默风趣，快乐自己，感染他人。演说家毕更斯认为，"趣味思想这四个字意味着精神鼓励，可以安慰焦躁的症状，它是一种态度、一种心境"。其次是要有意识地开发幽默资源，平时应多积攒一些妙趣横生的幽默故事，如读些喜剧、讽刺小说、民间笑话，积累相声或小品的精华片断等。其实生活就是一个万花筒，充满令人捧腹的奇事怪事。平常多观察多积累，用时就可以随手拈来。

**2. 神态、表情要真诚专注**

谈话时若伴以各种神态、面部表情和手势，往往可以更丰富地交流感情，更好地表达思想，这是决定谈话成功与否的重要因素。

*态度诚恳热情* 有人说，人类情感与理智之比是7∶3。行为常受感情的支配。美国社会心理学家哈特曼曾做过一个实验：在一次选举前他为同一个党准备两份内容相同的宣言，其中一份是用理性思辨方式写成的，另一份是用浓厚感情写成的。然后将两份宣言同时印发出去，结果发现在散发感情色彩浓厚的宣言的地方，选民投票人数比散发理性思辨色彩的宣言地区多。由此得出结论：与人交往，交谈的成败关键在于情感因素。

交谈双方态度真挚友好，能使谈话变得友好而不断地深入。谈话时交谈双方都互相观察注意着对方的表情、神态，反应极为敏感，稍有不慎就会使谈话不欢而散或陷入僵局。当别人遇到不幸时你去看望安慰，你的神态一定是同情、专注。别人有了成绩你去祝贺，你的神态就要真诚、热情、愉快。如果你三心二意、心不在焉就是失礼，会引起别人的反感。美国自由记者伊斯曼告诫人们："无论对方是否能为你带来机会，你要尊重并热情地善待每个人。"

*表情文雅得体* 美国礼仪专家总结言谈技巧，概括起来是SOFTEN：微笑(Smile)，准备注意聆听的姿态(Open Posture)，身体前倾(Forward Lean)，音调(Tone)，目光交流(Eye Communication)，点头(Nod)。表情是辅助语言表达思想感情的，恰当地运用眼神、微笑、身态语言等可以产生微妙而又巨大的作用。

想使双方谈话顺利进行下去，除了嘴巴，最重要的是要用眼睛说话。无论说话还是在倾听对方，眼睛都要平视对方。沉思时可以垂下眼帘，但眼光不能游离，更不要左顾右盼。要脸带笑意，轻松自然地交谈，并恰当运用头部动作和加强语气的手势，如点头表示同意，摇头表示否认。手势动作不要过大，更不能用手指指人。说话时身体倾向说话者而不是向后仰，表示对谈话感兴趣。但双方应保持一定的"社交距离"，因为与对方离得过远，会使对方误认为你不愿向他表示友好和亲近，距离过近，稍有不慎就会把口沫溅在别人脸上。一般保持一两个人的距离最为适合。总之，"举手投足皆学问"。

**3. 声音是最强有力的乐器**

西方沟通学家把声音称为"沟通中最强有力的乐器"，因此成功的政治家、商界精英都知道如何运用声音的魅力。如里根总统就拥有一副得天独厚的富有磁性而音域宽广的好嗓音。而更多人都要经历声音造声的历练之路。英国前首相撒切尔夫人初入政坛,雄心勃勃,但那尖刺紧张的音调,令人不悦。按照英国选民的心理习惯,一个出众的领袖不仅仪表堂堂,声音也应该是深沉、磁性、悦耳且诱人的。为了给选民展示一个有力量、有权威、可靠的女政治家的形象,撒切尔在音质专家的培训下,重新练习发声,重点训练音量、语速、清晰度和音调变化等,改变了原有的尖细音质,增添了无限的魅力和自信。声音魅力主要来自语音规范、吐字清晰、语调适中和节奏合理四个方面。

**语音规范** 声音美,不仅指嗓音的动听甜美,更重要的是如何正确发音,说一口标准流利的普通话,尽量避免地方口音,以免让人误解。有口吃或发音不准的人,要下决心纠正此缺点。有效的方法是每天大声朗读,并给自己录音。经常鼓励自己的进步。只要坚持不懈,科学地勤学苦练,一定会提高自己的谈话水平。

**吐字清晰** 商务交往中讲究的不是谁的嗓门大,说话时间最长,而是注重如何在适合的语境中简洁明确地表情达意,以便于对方理解。说话时应吐字清晰,段落分明,避免含糊其辞、咬字不清和咬舌的习惯。宁可把讲话的速度放慢,也要把话说清楚。如果在大庭广众之下讲话,讲话前要深深地吸足一口气,使你的声音充满活力,并且有足够的气息说完整的一句话。说话时还要注意音量大小要适中。音量太大,会造成太大的压迫感,使人反感;音量太小,则显得你信心不足,说服力不强。

**语调适中** 由衷地真诚地尊重他人,才能在语气上表现出恭敬之情。即“有善心,才有善言”。要让声音听起来柔和动听,避免用粗厉尖硬的语气说话,以理服人,而不是以声、以势压人。礼仪专家英格丽认为“宽厚、低沉的声音让人感到有权威、可信、可靠”,“推销之神”原一平也认为“语调要低沉明朗”。如果声音发自喉咙深处,整个听觉空间就丰满。而发自喉尖的声音,往往显得单薄和微弱。语调偏高、音尖的人应该设法练习变为低调些,才能发出迷人的感性声音。说话时还应注意语调的高低起伏、抑扬顿挫以增强说话效果。平铺直叙过于呆板的语调,让人听着乏味也很难达到预期的效果。

**节奏合理** 讲话速度快慢适中。讲话时,要依据实际情况的需要调整语速,讲话速度不要过快(特别是有分量的谈话内容),应尽可能娓娓道来,给他人留下稳健的印象,也给自己留下思考的余地。遇到感性的场面,当然语速可以加快;如果碰上理性的场面,则语速相应要放慢。还要注意停顿,讲话不要太长,也不要太短,停顿有时反而更能吸引听众的注意。

## 三 听也是说话的一种方式

*听是增加知识的价值的好机会。*

*——佚名*

*所谓交谈,应该从了解对方的话开始。这是极普通的常识,无奈,与人交谈时,很多人都忽视了这个事实。*

*——原一平*

有一个古老的哲学问题:"森林中一棵树倒了下来,那儿不会有人听到,那么能说它发出声响了吗?"关于交谈也可以问类似问题:如果你说话时没人听,那么能说你进行沟通了吗?有研究表明,文化界、管理界的人士倾听的能力很高,越有成就的人倾听能力越强。因此倾听已被看作事业有成、工作出色的重要必备技能之一。

美国职业演说家沃克认为:真诚的人希望能与对方做有益的双向交谈。一个真正的说话高手,就是善于聆听,鼓励别人多谈他自己的事。有一次卡耐基参加晚宴,碰到一位优秀的植物学家,他从未跟植物学家谈过话,于是静心听其介绍外来植物和交配新产品的许多实验。后来那位植物学家评价卡耐基是最有趣的谈话高手。卡耐基几乎没说过几句话,他只是专心聆听而已,可见听也是说话的一种方式。

**1. 倾听的意义**

*听可以使说话者感到被尊重* 人们总是更关注自己的问题和兴趣,如果有人专心听你讲自己的故事,马上就有被重视的感觉。哈佛大学前校长查理·伊略特曾说:生意场上的往来,并无所谓的秘诀,最重要的是,要专注眼前同你谈话的人,这是对那人最大的恭维。

*听可以缓和紧张关系* 若有人生气或恼怒,先听对方完全解释一下当时的情形。因为人人都喜欢同一个原意真正地倾听自己说话的人说话。例

如工作中有顾客投诉，耐心地听他把话说完，可能他的气已消了一大半。在商务交往中，仔细倾听且富有同情心的听话人总是最受欢迎的。

**听可以解除他人的压力** 心理学研究证明，向人诉说心中烦恼之事能减缓心理压力，因此当有了心理负担和心理疾病时，找一个友善的具有同情心的倾听者是很好的解脱办法。

**听可以让我们成为智者** 对一个成功的推销员来说，有效的推销方法是自己只说三分之一的话，把三分之二的话留给对方去说。既然谈话中存在新的机遇，遇见新贵人，那就要珍惜时间，把任何沟通交流作为一次学习的机会。陈安之曾说："一个人之所以会成功，因为他懂得比你多，因为他掌握了最新的成功资讯。一般人对新资讯很排斥，而我却是非常乐意接受。"对新知的渴望，使我们更加愿意认真倾听，从倾听中汲取知识。

**2. 倾听的技巧**

**专心听人说话** 研究表明，说话的速度赶不上思维的速度。说话的速度是每分钟 120～160 个字，而思考的速度是每分钟 400～600 个字，因此要集中注意力倾听。倾听对方，要身体略微前倾，不只用耳朵，也用眼、脸、全身来听对方说话。温莎公爵夫人是公认的一位谈话高手，当你与她谈话时，她常手托下颌，双眼双耳似乎全沉醉在对方说的每一个字每一句话中，像是在说，再多告诉我一点，我正在倾听，这一切有趣极了。我们应该向她学习，对自己说，我是一块海绵，我要把每一个字吸收进去。因此对别人最大的尊重是真正专注地听他讲话。

**适时给予反馈** 倾听时可通过一些视觉上的手段告诉对方你正在认真倾听。如通过双眼注视对方，用赞许性的点头等表明你在认真听而鼓励对方说下去。还可以用自己的语言复述对说话人所表达的思想与感情的理解。为了使谈话得以深入，可以适当提问或对其所说的稍加评论，如"这倒是个好办法"、"能否讲得再具体点"等，从而引出对方源源不断的话题。也可以适时地用简短的语言，如"是"、"对"、"很好，太有意思了"，这表明你不但在听，而且饶有兴趣，还可发表相似想法使谈话顺利进行下去。

**置换位置** 人们在倾听过程中，往往会受到自身的个人偏见、先入为主、自我中心等障碍从而影响倾听的效果。倾听者应设身处地地站在说话人的立场，了解其想要传达的所有信息，而不是只了解你想要知道的。谈话本身包括说和听，不要口若悬河地垄断整个谈话，要给对方发表意见的机会，要全神贯注地聆听，不要轻易打断对方的谈话，以示尊重对方。对方讲话时，也可在适当时候发表自己的看法，不过一般不谈与正在议论的内容无关的话题。如果对方谈到一些棘手的话题，或者你认为他的观点你根本无法接受时，不必轻易表态或随声附和，可设法尽快转移话题。

**有始有终的意愿**　要有耐心，不能随便打断别人的讲话。不宜过早作出结论或判断。

**3. 倾听禁忌**

**避免面无表情**　应与说话者保持目光接触，肯定地点头或报以适当的面部表情，使对方的谈话更为兴趣盎然。避免心不在焉的举动或不耐烦的动作，应表现出饶有兴趣的样子。

**不要以自我为中心**　若有意见发表，应自然地转换说话者与倾听者的角色。不要生硬地打断说话者，而且要尽量把自己讲话的时间缩到最短。要保持良好的精神状态，鼓励交流双方互为倾听者。不要盛气凌人、指手画脚地训导对方。要抑制争论的念头。

**【案例】　“不会说话”的客人**

老朱穷毕生之积蓄，在繁华的市中心买了二居室的新房，装修完毕后兴致勃勃地请公司同事到家做客。同事稍懂建筑学，看到新房子客厅四周全是门，是新房老结构，开始大发评论：房子是好，可惜从建筑学上说，结构被打“破”了。装饰的木雕是漂亮，可房子却显得更小了。老朱不高兴了：叫你们看新房子，你们却说“破”了“小”了，真是不吉利。

**案例分析：**客人哪些地方得罪了老朱？如何做一个“会说话”的客人？

第七章

# 应付自如的商务宴请礼仪

*夫礼之初，始诸饮食。*

——《礼记·礼运》

*使风度的魅力在餐桌上展示出神奇的力量。*

——亚马尼

在商务活动中，宴请和赴宴可以说是工作的一部分，有时一桩大生意，在会议桌上很难敲定，在饭桌上却变得很容易。其实吃只是一种手段，吃背后的交际才是商务宴请的真正目的。因此宴请已成为一种重要的商务礼仪。

宴请礼仪主要是指人们在设宴招待宾客以及自己在宴请活动中必须遵守的行为规范。越正式、越高级的宴会，礼仪规范越严格。宴会中贯穿这样的礼仪，并非是对吃的情趣的束缚，而是表现人们的道德文化修养，在饮食生活中体现一种形式美、伦理美、人情美。在商务交往中，通晓商务宴请礼仪，对提高社交礼仪的能力和修养是大有裨益的。可以说，每个成功的人士，都是这方面的佼佼者。

## 一　宴会礼仪

*在餐桌上看人的修养。*　——谚语

宴会可以营造亲切友好的气氛，增进彼此了解和友谊，密切商业合作关系，是商务活动中最常见的聚会形式。

**1. 宴请的四种形式**

国际上通用的宴请形式有四种:宴会、招待会、茶会、工作进餐。每种形式均有特定的规格和要求。如果是官方性质或商务性质,一般采用正式宴会,招待会和茶话会等,如果是私人关系的,选择便宴和家宴更适合。

**宴会** 宴会,指比较正式、隆重的设宴招待,宾主在一起饮酒、吃饭的聚会。宴会是正餐,出席者按主人安排的席位入座进餐,由服务员按专门设计的菜单依次上菜。按其规格又有国宴、正式宴会、便宴和家宴之分。

国宴。国宴是在外交场合由国家的元首出面,宴请别的国家元首的宴会,是宴会中规格最高的。按规定,举行国宴的宴会厅内应悬挂两国国旗,安排乐队演奏两国国歌及席间乐,席间主、宾双方有致词、祝酒的仪式。

正式宴会。这种形式的宴会除不挂国旗、不奏国歌及出席规格有差异外,其余的安排大体与国宴相同;有时也要安排乐队奏席间乐,宾主均按身份排位就座。许多国家对正式宴会十分讲究排场,对餐具、酒水、菜肴的道数及上菜程序均有严格规定。

便宴。这是一种非正式宴会,常见的有午宴、晚宴,有时也有早宴。其最大特点是简便、灵活,可不排席位、不作正式讲话,菜肴也可丰可俭。有时还可以自助餐形式,自由取餐,可以自由行动,更显亲切随和。

家宴。即在家中设便宴招待客人。西方人士喜欢采取这种形式待客,以示亲切。由于通常由主妇亲自掌勺,家人共同招待,因而能创造亲切友好的气氛。

**招待会** 招待会是指一些不备正餐的宴请形式。一般备有食品和酒水饮料,不排固定席位,宾主活动不拘形式。较常见的有冷餐会和酒会。

冷餐会。其特点是不排席位,菜肴以冷食为主,也可冷热兼备,连同餐具一起陈设在餐桌上,供客人自取。客人可多次进食,站立进餐,自由活动,边谈边用。

酒会。又称鸡尾酒会,较为活泼,便于广泛交谈接触。招待品以酒水为主,略备小吃,不设座椅,仅置小桌或茶椅,以便客人随意走动。请柬上一般均注明酒会起止时间,客人可在此间任何时候入席、退席,来去自由,不受拘束。

**茶会** 茶会是一种更为简便的招待形式。一般在客厅里举行。不排座位,一边品茶一边交谈。外国人一般用红茶,略备点心、小吃,也可用咖啡代替茶,其组织安排与茶会相同。

**工作进餐**　它是现代商务交往中常见的非正式宴请形式。它不请配偶,只请与工作有关人员,利用进餐时间,边吃边谈工作。

**2. 安排宴席的礼仪**

**宴席邀请**　正式的宴会一定要提前两周向客人发请柬,并注明“敬请准时入席”。一般一人一份(夫妇共一份)。请柬上必须注明宴请的目的、形式、时间、地点和服饰要求等。请柬的信封角上还要写上席号。请柬发出后应及时落实嘉宾出席情况,以便安排和调整席位。如果是宴请外宾,则宴会时间的选定应避开外宾的忌讳。例如,宴请西方人,要回避13日,尤其是13日与星期五同一天。

**桌次安排**　正式宴会,一般都事先排好桌次座位,以便宴会参加者各入其位,入席时井然有序,同时也是对客人的尊重。非正式的便宴,有时可不安排座次。

按照国际惯例,桌次高低以离主桌位置远近而定,右高左低。桌数较多时,要摆桌次牌。宴会可用圆桌、方桌或长桌,一桌以上的宴会,桌子之间的距离要适中,各个座位之间的距离要相等。团体宴请中,宴桌排列一般以最前面的或居中的桌子为主桌。

**座次安排**　礼宾次序是安排座位的主要依据。目前我国以中餐圆桌款宴,有中式及西式两种席次的安排。两种方式不一,但基本原则相同。一般而言,必须注意下列原则:

以右为尊。如果男女主人并座,则男左女右,以右为大。如设两桌,男女主人分开主持,则以右桌为大。

主宾和夫人坐最主要的位置。一般离门最远的、面对着门的位置是主人的位置,离门最近的、背对着门的位置是末座。主人的右手是最主要的位置,称为第二号位,是主宾的位置,左边是第三号位,依此类推。如果遇到主宾身份高于主人,为表示对他的敬重,可以把主宾安排在主人的位置上,主人在主宾的位置上。末座不能安排女宾。

女士以夫为贵。其排名的秩序,与其丈夫相同。即在众多宾客中,男主宾排第一位,其夫人排第二位。但如邀请对象是女宾,因她是部长,而其先生是助理,则必须排在所有部长之后,夫不得与妻同贵。

西方习俗男女交叉安排。欧美人士视宴会为社交最佳场合,故排位时男女互为间隔。以女主人的座位为准,主宾坐在女主人的右上方,主宾夫人坐在男主人的右上方,男次宾在女主人的左上方,女次宾在男主人的左上方,依此类推。

另外,在遵从礼宾次序的前提下,主人方面的陪客应尽可能插在客人之间,以便与客人交谈,避免自己的人坐在一起。在排位时还要注意尽可能使相邻者便于交谈。

**3. 出席宴会的礼仪**

**梳妆打扮** 出席宴会前,最好稍作梳洗打扮。男士要穿着整洁的上衣和皮鞋,女士要穿套装和有跟的鞋子。如果指定穿正式服装的话,男士必须打领带,精神饱满、容光焕发地赴宴,以保证宴会的隆重气氛与和谐环境。切忌穿着工作服或带着倦容赴宴。

**准时赴宴** 按时应邀出席是一种礼貌。因为客人抵达时间的迟早,逗留时间的长短反映了对主人的尊重。除了身份高的人可以迟到些外,一般客人应提前两分钟左右到达比较适宜。如遇突发事件不能到达或迟些到达,应打电话告知。

**适当交际** 到达宴席地点后应主动向主人问好。进入宴会厅之前先了解自己的桌次和座位。入座时,应向其他人让礼,要从椅子左侧入座。如邻座是年长者或女士,男士应主动地为其拉开椅子,协助其坐下。进餐前要与同席的人热情有礼貌地交流,以创造一个和谐融洽的用餐气氛。

**用餐文雅** 用餐时应讲究礼节和小节,面对一桌子美味佳肴,不要急于动筷子,须等主人动筷说“请”之后才能动筷。主人举杯示意开始,客人才能用餐。如果酒量还能够承受,对主人敬的第一杯酒应喝干。用餐时应细嚼慢咽,不要发出咀嚼声和舐咂嘴的声音。在正式宴会中,是不允许边进餐边吸烟的,吸烟须在进餐前或进餐后到休息厅吸。餐桌上要注意让菜不夹菜,助酒不劝酒。

**退席时机** 注意把握时机,千万不要选择在席间别人说话时或说完一段话之后退席,以免引起不必要的误会。一般的退席时间应该选择在大家都吃完以后,如有水果上来,应在吃完水果之后。如果自己确有要紧的事必须先走,可向主人悄悄告辞,并且道谢,不必惊动太多客人。

**致谢礼节** 退席时客人应向主人有礼貌地握手致谢,称赞宴会组织得好,菜肴丰盛精美。或者在参加正式宴会后的两至三天之内,写信或打电话表示感谢。

## 二　中餐礼仪

*礼仪三百，威仪三千。*

——《周礼》

中国的礼仪始于饮食礼仪，至周代时期饮食礼仪已形成一套相当完善的制度。《礼记·典礼》对饮食礼仪作出一系列十分严格而细致的规定。如"毋啮骨"、"共食不饱"、"当食不叹"等(饭桌上不可像狗一样啃骨头、不能撑饱、吃饭时不要唉声叹气)。现代中餐礼仪是在继承传统与参考国外礼仪的基础上发展而来的。

### 1. 中式餐具使用礼仪

**中餐的餐具**　古人云，"美食不如美器"，"煎炒宜盘，汤羹宜碗，参错其间，方觉生色"。可见中餐餐具非常讲究。大盘热菜，中盘冷拼，或灵活选择，小盘点心和小吃。在正式的宴会上，水杯放在菜盘上方，酒杯放在右上手。筷子与汤匙可放在专用的座子上，或放在纸套中。公用的筷子和汤匙最好放在专用的座子上。酱油、醋、辣油等佐料应一桌数份，并要备牙签和烟灰缸。宴请外宾时，还应预备好刀叉，供不会使用筷子者使用。

**筷子的使用**　中餐要特别注意筷子使用礼仪。用膳时，主人为表示盛情，一般可说"请用筷"、"请随便"等筵语。有事暂时离席，不能把筷子插在碗里，应将其轻放在筷架上，尽量不发出响声。将筷子横搁在碟子上，那是表示酒醉饭饱不再进膳了。小辈为了表示对长者的尊敬，必须等长者先横筷后才能跟着这么做。使用筷子夹菜时，不要上下乱挥动，不要用筷子搅菜，不要筷子指点别人，也不要用舌头去舔筷子上的附着物。

### 2. 中餐菜肴食用礼仪

一个普通的宴席，通常都有八到十道菜。请客时，有几道菜上桌十分讲究，一定要是双数。根据某些地区的风俗，七道菜是祭奠用的。

**上菜的一般顺序**　上菜先上冷盘，后上热菜，其顺序是：拼盘或点心、热荤、羹、炒炸品、汤或扒品、鱼类、饭面、甜菜、甜点心或水果。热菜应从主宾对面席位的左侧上，上单份菜或配菜席点和小吃先宾后主，上全鸡、全鸭、全鱼等整形菜,头的一边要朝正主位。应把新上的菜摆在桌中或主宾处,将旧菜推到副主宾一边。

*菜肴的选择* 在准备菜单时,有四类菜肴应优先考虑。第一是有中餐特色的菜肴,吃中餐要首选有中餐特色的代表性菜肴,在宴请外籍人士时更应当被重视。如有位中国经理在家里宴请来自欧洲的客户,他给外宾炒了四个素菜,烧了一碗榨菜肉丝汤,最后给每人一小碗水饺。那位号称"吃遍天下"的外国大老板真心诚意地说:这是他吃过的最美的一顿饭菜。可见中餐要突出中餐的特色,未必非上山珍海味不可。第二是有本地特色的菜肴,尤其在宴请外地人时,尽量安排有本地特色的菜。三是本餐馆的看家菜,如全聚德的烤鸭,东来顺的涮羊肉等。如果举办家宴,主人还可以露一手拿手菜。

*选择菜肴的禁忌* 一是民族禁忌、宗教禁忌不可触犯,如佛教徒只吃素,伊斯兰教徒不饮酒,满族、蒙古族、藏族、回族不吃狗肉等;二是地方禁忌,如英美人士不吃动物的内脏、头和脚,更不会吃宠物;三是注意职业禁忌,如司机禁酒;四是注意个人禁忌,如糖尿病患者不能吃甜品等。所以宴请客人时不知道客人喜欢吃什么关系不是很大,但必须知道客人不能吃什么。有经验的人应该问客人:你不能吃什么?选择菜肴千万不要冒犯客人的饮食禁忌。

## 三 西餐礼仪

*从用膳的态度可以了解一个人的性格。*

——*荣格*

吃西餐讲究"4M"原则,Menu(精美的菜单)、Manners(优雅的用餐礼节)、Music(动听的音乐)和 Mood(迷人的氛围)。西餐又分为法式、英式和国际式等,其用餐文化习俗各有不同。但基本礼仪要求还是一致的。如宴请时的菜单往往非常简单,也许他们的国宴还没有我们的家宴丰富,因为他们更重视的不是吃什么,而是进餐时的气氛、环境、衣着等等,更注重精神享受。

**1. 西式餐具使用礼仪**

**餐具的排列** 左边放叉,右边放刀。刀叉数目与菜的道数相当,使用顺序按上菜顺序。食盘上方放匙,用小匙吃冷饮,大匙喝汤。匙的上方为一排酒杯,从左到右,由小到大。匙的左方是面包碟,右方为黄油碟,碟内有专用小刀。餐巾放在汤盘或水杯里。

**餐具的使用** 刀叉使用的基本原则是右手持刀或汤匙,左手拿叉。若有两把以上,应由最外面的一把依次向内取用。刀叉的拿法是轻握尾端,食指按在柄上。餐刀绝对不能沾嘴唇。汤匙则用握笔的方式拿即可。如果感觉不方便,可以换右手拿叉。吃体积较大的蔬菜时,可用刀叉来折叠、分切。较软的食物可放在叉子平面上,用刀子整理一下。

临时离桌,刀叉以八字形状摆在盘子中央。用餐后,将刀叉并拢横斜放在盘内,柄向右。

**餐巾的使用** 餐巾的主要作用是防止弄脏衣服,兼作擦嘴及手上的油渍。在正式宴会上,客人需待主人先拿起餐巾时,自己方可拿起餐巾。男士要等女宾放好餐巾后再放餐巾。餐巾平铺在双膝上端的大腿上。最好用双手打开餐巾,切忌用来回抖动的方式打开餐巾。不要将餐巾别在领口上、皮带上或夹在衬衣的口子,也不要用餐巾擦拭餐具或擦脸。中途离席时将餐巾放在椅子上。餐毕,宜将餐巾折好,且把干净的一面置放餐桌上再离席。

**2. 西餐菜肴食用礼仪**

西餐正餐的上菜顺序既复杂多样,又非常讲究。一般由"一主六配"构成,或配七八道菜肴。按上菜的顺序,吃什么菜用什么餐具,喝什么酒用什么酒杯,一顿内容完整的正餐,一般要吃上一两个小时。

**头盘** 也称为开胃品,一般有冷头盘和热头盘之分,常见的品种有鱼子酱、鹅肝酱、熏鲑鱼、鸡尾杯、奶油鸡酥盒、火焗蜗牛等。

**汤** 大致可分为清汤、奶油汤、蔬菜汤和冷汤等四类。品种有牛尾清汤、各式奶油汤、海鲜汤、美式蛤蜊汤、意式蔬菜汤、俄式罗宋汤和法式葱头汤等。西餐中的喝汤习惯,应用勺由内往外舀。喝汤时不能发出响声,不能对着热汤吹气。汤碗不能直接就口,应用左手端碗,将汤碗稍为侧转,再以右手持汤匙舀汤。

**副菜** 通常水产类菜肴与蛋类、面包类、酥盒菜肴均称为副菜。因为鱼类等菜肴的肉质鲜嫩,比较容易消化,所以放在肉类菜肴的前面,叫法上也和肉类菜肴主菜有区别。西餐吃鱼类菜肴讲究使用专用的调味汁,品种有鞑靼汁、荷兰汁、酒店汁、白奶油汁、大主教汁、美国汁和水手鱼汁等。吃鱼有讲究,应从鱼的中间切开,把肉拨到两边取掉鱼刺鱼骨,慢慢食用。

**主菜** 肉、禽类菜肴是主菜。肉类菜肴的原料取自牛、羊、猪和小牛仔等各个部位的肉,其中最有代表性的是牛肉或牛排,肉类菜肴配用的调味汁主要有西班牙汁、浓烧汁精、蘑菇汁、白尼丝汁等。禽类菜肴的原料取自鸡、鸭、鹅,最多的是鸡,可煮、炸、烤,主要的调味汁有咖喱汁、奶油汁等。吃肉类时有两种方式:一是边割边吃;一是先把肉块(如牛排)切好,然后把刀子放在食盘的右侧,单用叉子取食。前者是欧洲的古老习惯,后者则是美式的吃法,以前者比较正式。

**蔬菜类菜肴** 蔬菜类菜肴在西餐中称为沙拉。可以安排在肉类菜肴之后,也可以与肉类菜肴同时上桌。与主菜同时搭配的沙拉,称为生蔬菜沙拉,一般用生菜、番茄、黄瓜、芦笋等制作。沙拉除了蔬菜之外,还有一类是用鱼、肉、蛋类制作的,这类沙拉一般不加味汁,在进餐顺序上可以作为头盘食用。还有一些蔬菜是熟食的,如花椰菜、煮菠菜、炸土豆条。熟食的蔬菜通常是与主菜的肉食类菜肴一同摆放在餐盘中上桌,称之为配菜。

**甜品** 西餐的甜品是主菜后食用的,可以算作是第六道菜。从真正意义上讲,它包括所有主菜后的食物,如布丁、冰激凌、奶酪、水果等。吃甜点可用叉或匙。喝汤时,用匙进食。握匙的正确姿势为:用大拇指按住匙的把,其他手指轻轻托住另一边。舀汤时,应从盘子里面向外舀,盘中汤不多时,千万不可端起汤盘吮吸,而应用左手将汤盘微微外倾,用匙舀尽。吃梨、苹果不要整只去咬,而应用水果刀将水果切成四至六块,剜去果心,用手拿着一块一块吃。吃香蕉则剥皮后整只放在盘子里,用刀、叉切开,一块一块吃。吃水果时,有时会送上一小水盂,这是供洗手之用的,切勿将此当作饮料饮用。

**热饮** 最正规的热饮是红茶或什么都不加的黑咖啡。喝咖啡和茶的方式是用小茶匙搅拌放糖,搅匀后仍将茶匙放回原处再喝(茶匙不能放在茶杯里),喝时,右手拿杯把,左手端杯托碟。请记住喝咖啡或茶一定要端起杯子找嘴,不要俯身去用嘴迁就杯子。喝完咖啡和茶,宴会就该结束了,客人可以开始告辞。

在普通情况下,出于时间或金钱方面的考虑,一般不用西餐正餐,而是采用西餐便餐的形式，即不把“一主六配”的菜肴点全，而是选择点前菜、主菜（鱼或肉择其一）和甜点。点菜并不是由前菜开始点，而是先选一样最想吃的主菜，再配上适合主菜的汤。点得太多吃不完反而失礼。

## 四 饮酒礼仪

*酒肴即使稀少，只要主人好客，也一样可以尽欢。*

——*莎士比亚*

“无酒不称宴”，酒在宴请活动中扮演着重要的角色，它既表示对客人的尊重，又增添席间的活跃气氛。中国人讲究酒逢知己千杯少，可见饮酒是社会重要的交际手段。

**1. 选酒的礼仪**

**选酒方式** 一种是宴会中酒类已定好。现代西方社会中，为了方便，一般上葡萄酒和香槟酒。第二种是宴会中的酒没有定好，临时点酒，一般情况是主人首先向主宾征求意见，主宾点什么酒就喝什么酒。如果主宾或主人对酒了解甚少，可询问在座的其他宾客，也可向侍酒员请教。

**酒菜搭配** 正式的中餐宴会通常上白酒和葡萄酒两种酒，一般不上啤酒。欧美人士对酒菜搭配特别讲究。美食之国的法国，历来就有白酒配鱼、红酒配肉的不成文的规矩。一般可分为餐前酒、佐餐酒和餐后酒。饮酒的主要功能是在用餐时开胃助兴。懂得酒菜搭配之道，才能使两者相得益彰。

**餐前酒** 又称开胃酒。一般人们喜欢在餐前饮用的酒水是鸡尾酒和香槟酒。

**佐餐酒** 西餐里的佐餐酒均为葡萄酒，且大多数是干葡萄酒。与菜肴搭配原则是“白酒配白肉，红酒配红肉”，白肉指鱼肉、海鲜和鸡肉，红肉指牛肉、羊肉和猪肉，分别以白葡萄酒和红葡萄酒搭配。

**餐后酒** 在用餐之后用以消化的酒。餐后酒一般是芬芳可口的利口酒。但最有名的餐后酒是白兰地酒。

**2. 斟酒的礼仪**

**斟酒** 在正式宴会上，服务员打开酒瓶后，先要倒上一点递给主人品尝，主人应先饮一小口仔细品评，然后再尝一口，感到所上的酒完全符合要求时,再向服务员示意,可以给客人们斟酒了。除主人和侍者外,其他宾客一般不宜自行为他人斟酒。

中国人讲究“酒满情深”。斟酒以满为敬。因此,酒桌上不论是什么酒,一律以斟满为敬。实际上,葡萄酒、香槟酒、白兰地、甜露酒等,不宜斟满,只宜斟到酒杯容量的2/3处,其目的是使饮者在饮用时能让酒在杯中漩起来,使酒香充分地发挥出来。

**斟酒的顺序** 斟酒的顺序是先主后宾。第一次上酒时,主人可以亲自为所有客人斟酒,酒瓶不要碰到杯口,要依逆时针方向进行,要站在客人右手边上斟,酒瓶上的商标应面向客人。若同时准备了红酒和白酒,要分置在桌子两端,不能让客人用同一个杯子喝两种酒。

**3. 敬酒的礼仪**

向人敬酒,是表示祝福和祝愿。主人敬酒可以随时在饮酒的过程中进行。要是致正式祝酒辞,就应在特定的时间进行,并不能因此影响来宾的用餐。祝酒辞适合在宾主入座后至用餐前开始,也可以在吃过主菜后或甜品上桌前进行。敬酒时要双手举起酒杯并向对方微笑点头示礼。规模较大的宴会上,主人应依次到各桌敬酒,而每一桌可派代表到主人的餐桌去回敬一杯。

需要干杯时,应按礼宾顺序由主人与主宾首先干杯。干杯时可说一两句简洁友好的祝酒辞。干杯后应点头示礼。若客人较多,可同时举杯示意,不必与每一位客人干杯。轻轻摇动酒杯让酒与空气接触以增加酒味的醇香。

在西方正式宴会上,通常应由男主人首先举杯,并请客人们共同举杯。提议干杯时,应起身站立,右手端起酒杯,面带微笑,目视祝酒对象,嘴里同时说着祝福的话。即使是滴酒不沾,也要拿起杯子做做样子。将酒杯举到眼睛高度,说完“干杯”后,将酒一饮而尽或喝适量酒。

在中餐里,干杯前,可以象征性地和对方碰一下酒杯。碰杯的时候,应该让自己的酒杯低于对方的酒杯,表示你对对方的尊敬。用酒杯杯底轻碰桌面,也可以表示和对方碰杯。当你离对方比较远时,完全可以用这种方式代劳。如果主人亲自敬酒干杯后,你觉得要求回敬主人,也可和他再干一杯。

如果你不善于饮酒,当主人向你敬酒时,可选淡酒或汽水(如可乐、橘子水等)喝一点作为象征,以免扫大家的兴。当然作为敬酒者也不要强人所难,非逼着对方一饮而尽不可。宴会时,对自己的饮酒量,一般应掌握在平时酒量的1/3左右为好。

此外,饮酒时边喝边透过酒杯看人、拿着酒杯边说话边喝酒或口红印在酒杯沿上等,都是失礼的行为。

**【思考与练习】**

1. 宴会的座次应如何安排?
2. 如何吃中餐?
3. 如何享用西餐?
4. 如何体面地饮酒?

# 第八章

# 多姿多彩的商务聚会礼仪

*社交接触常常会造成很有价值的商业伙伴，因为大部分人都喜欢和朋友合作共事。*

——卡耐基

*我的成功不是来自谈判桌上，而是来自乡间别墅或是在俱乐部里同对手的友好接触。*

——佚名

*邀请函用手写定能使聚会更加吸引人，因为它花费了时间和努力。*

——佚名

聚会是指为了某种目的，把相关的人员集合到一起进行活动的交际方式。参加聚会可以陶冶情操，结识朋友，扩大交际，沟通信息，是社交活动中的一种集娱乐与交往为一体的方式。最常见的聚会形式有集会、拜会、舞会、晚会、发布会和沙龙等。特别是舞会和沙龙，因寓社交于休闲、娱乐中，且具有一定的文化品位，深受商界人士的青睐。但参加聚会必须遵守必要的礼仪规范，否则将贻笑大方。

## 一　展现翩翩风采的舞会礼仪

*只要你具备了精神气质的美，只要你有这样的自信，你就拥有风度的自然之美。*

——金马

*人与人之间需要沟通、交往和温情。*

——卡耐基

舞会又称交际舞会，其形式自由活泼，内容丰富多彩，是一种既热情抒情又文雅庄重的活动。因此在商务活动中，经常采用舞会的形式，用以联络感情，加深友谊。从礼仪规范来讲，舞会的成败取决于舞会的组织、邀舞和跳舞的礼节等几个方面。

**1. 组织舞会要面面俱到**

组织舞会是舞会成功的关键前提。组织舞会要求精心布置，力求气氛热烈。一般应考虑时机、地点、舞曲和主持人等几方面因素。

**选择时机** 举办舞会要“师出有名”，如款待贵宾、欢度佳节、公司周年大庆、庆祝生日等。在一般情况下，周末和节假日也非常适合举办舞会。舞会最适合傍晚开始举行，最好不超过午夜。举办舞会的最佳长度一般是2～4小时。

**布置舞场** 舞池大小应适度，最好与跳舞的总人数大致般配，人均一平方米最佳。灯光要柔和中有变化，不能过强或过弱。舞池周围应摆设足够的桌椅，以供来宾跳舞间隙时就座。如果是重要的酬宾舞会，应免费提供饮料、糖果等。

**挑选舞曲** 舞曲是舞会的导向和灵魂。舞曲选择以对象而定，如果客人以青年居多，可选择节奏感较强的现代舞曲，如中老年居多，可选择旋律优雅的经典舞曲。舞曲要丰富多彩，既有世界名曲，又有最受欢迎的流行歌曲作为伴奏曲；既有慢曲，又有快曲。音量要适中。按照约定俗成的惯例，一般舞会均以《友谊地久天长》作为最后一支舞曲。此曲一播放，等于宣布舞会到此结束。

**约请来宾** 最好一周之前约请来宾，以便约请者早做安排。约请来宾的数量并非多多益善，要与舞池大小相协调。在正式的社交舞会上，相邀共舞之人必须是异性，因此舞会组织者邀请的来宾男女比例上大致相仿，基本上各占一半。

**接待来宾** 为确保舞会成功，必须认真做好接待工作。应确定一位舞会的主持人，如果是家庭舞会，那么女主人是最佳人选。具有丰富经验并有良好组织才能的主持人，可以很好地控制和调整舞场的欢快热烈的气氛和节奏。同时要组织一支精明能干的招待员队伍,由青年男女组成。统一着装,迎送来宾,提供优质的服务。

**2. 参加舞会要遵守礼仪规范**

舞会是一种娱乐方式,更是展示良好的个人形象的交际活动。掌握舞会的礼节尤为重要。

**仪容整洁美观** 参加舞会者,容貌必须整洁干净,头发梳理有型,最好沐浴祛味。可洒点淡雅的香水。注意口腔卫生,最好刷刷牙,禁食大蒜、萝卜等气味重的食物。男性修剪胡子,女士剃掉腋毛。参加舞会的女士要化妆,可化个色彩稍鲜艳靓丽的晚妆。除了化妆打扮上要特别适合舞会的气氛外,还应该保持你的兴致,使你周围的人也跟着快乐起来。

**服装大方得体** 参加舞会的服装要与环境相协调。女性服装要色彩明快,大方得体,最好穿大摆套裙或连衣裙,以潇洒自如地应付各种舞步。男士的最佳舞会服装当推西装,笔挺的衣料,再配上合适的领带,黑亮的皮鞋,给人一种充满活力的感觉。男女冬季最好能在西服、裙装外面套一件大衣,以便在跳舞时脱下。

**3. 邀舞礼仪**

**邀请得法** 邀请舞伴时,男士主动邀请女士,女士可以拒绝,在关系很好、很熟的情况下,女士也可邀请男士,但男士不可拒绝。在正式舞会上,同性之人不能相邀共舞,两位男士一同跳舞令人感觉关系太密,两女士同舞,则有被男士冷落之嫌。

为提高邀舞的成功率,男士需要察颜观色,如看女方神情是否疲惫,女士有无男伴或丈夫陪同,或女方是否与他人谈兴正浓等,要把握最合适的时机前去邀舞,而女士当男士相邀时应欣然与之共舞。

邀舞时,男士主动到女士面前,点头或鞠躬,彬彬有礼,摊开右手,以示邀请,也可轻声问候:“请你跳舞”或“喜欢这个曲子吗”等。如果被邀女士的父母或丈夫在场,应先向他们致意问候,征得他们的同意后方可邀请女士跳舞。舞曲结束后,送女士回座位并致谢,女士则含笑答礼。

**邀舞讲究顺序** 按惯例,在正式的舞会上,第一支舞曲,往往是主人夫妇,主宾夫妇共舞。第二支舞曲响起,由主人邀请主宾夫人,主宾邀请主人夫人共舞。第三支舞曲响起,参加舞会者纷纷入场跳舞。一般舞会上,没有太多的讲究。音乐声响起,男士邀请与自己前来的女士共舞,一般认为一对舞伴只宜共舞一曲，接下来需要通过交换舞伴来扩大交际。最后也可与同伴一起跳结束曲。男主人还须依次邀请在礼宾序列上排位第二、第三的男士的女伴各跳一曲，而女士的男伴则应同时回请女主人共舞。舞会的女主人、坐在身旁的女伴、相识的女伴等，都是男宾应当以礼相邀共舞一曲的对象。

**4. 拒绝邀请要委婉**

在舞会上被人相邀，应该微笑地站起来，落落大方地接受他的邀请。一般不宜拒绝对方。如果要回绝对方，应含笑婉言说明原因，不要让他有“下不了台”的感觉。而且一曲开始时已拒绝他人的邀请，此曲未终，就不要再与别的男士共舞。

如果同时有两位男士邀请一位女士跳舞，女士最好礼貌地拒绝，如果已接受其中一位的邀请，对另一位应表示歉意：对不起，请等下一曲吧。夫妇双双同去参加舞会自携舞伴，跳过一曲后，有人前来邀舞，另一方应按礼节促请其接受。被邀者本人也应礼貌接受。

**5. 舞姿要标准、优美**

舞姿主要是指跳舞时的姿态和表情。要求端正、大方、活泼。身体保持平、正、稳，不能摇晃。神情愉悦，动作轻盈舒展，与舞曲协调一致。起舞时男女双方相向而立，相距 20 公分左右，男士的右手掌心向下向外，用大拇指的背面轻轻将女士腰部挽住，左手与肩形成水平线，掌心向上，拇指平展，将女士的右掌轻轻托住。女士的左手手指部分只需要轻轻落在男士的右肩即可，以示举止文雅得体。

步入舞池时，须先女后男，由女士选择跳舞的具体方位。在跳舞过程中，由男士领舞，女士配合。一曲舞毕，跳舞者应面向乐队立正鼓掌，以示感谢，男士应将女士送回其座位并致谢。

款款起舞时双方的身体应保持一定的距离，距离大小由舞步决定。无论哪种舞步，动作尽可能舒展协调。注意约束各自的目光，女士的眼光最好平射男士肩头，男士的目光宜停留在女士的秀发或额头，显示其神情专一，从而体现舞者的儒雅和文明。跳舞时不要讨论或争辩一件事情，更不要在散会时进行详细身家调查。女士不要把口红沾染在男伴的衣襟或领带上。

## 二　体现高贵典雅的沙龙礼仪

*在没有什么特别的原因之下，你告诉某一个人你想念他，你欣赏感谢他，对你对他来说，都会获得宝贵的收获。*

——*卡耐基*

沙龙是法文 Salon 的音译，即"客厅"或"会客室"之意。从 17 世纪起，西欧贵族和资产阶级中的一部分人经常聚集在某些私人的客厅里，谈论哲学、文学、艺术或政治问题。这种社交聚会逐渐成为一种时尚，后来传到世界各地，相沿成习。人们把这种主要在室内进行的专门的社交性聚会称为沙龙。由于沙龙形式自由，品位高雅，内容丰富，交际面广，深受商界人士的欢迎。

商务人士对各种沙龙都有不同程度的接触，但接触最多的是交际沙龙和休闲沙龙。

### 1. 交际型沙龙礼仪

交际型沙龙的主要目的是为了使参加者之间保持接触，进行交流。如同学会、聚餐会、座谈会、联欢会、生日派对等都属于交际型沙龙。

*沙龙地点、时间的选择要得当*　一般选择环境雅致的某家客厅、庭院或宾馆、写字楼的一房间内举行，要求面积大、通风好并且环境幽雅静美。活动时间在 2～4 小时左右。为了不影响正常工作，一般选在周末下午或晚间举行为好。

*做个应付自如的沙龙主人*　如果沙龙是在私宅举行，那么其主人就是沙龙的主人。如果是在外租用场地举行，沙龙的主人应是发起人或组织者。按惯例，沙龙主人应当有男有女，以便分别照顾男宾女宾。如果主人独身未婚或配偶不在本地，可以由其父母、子女、同事或秘书担任。沙龙参加者一般应当事先确定好，彼此之间大多是相互认识的，有助于大家交流。如果"新人"参加，应首先征得主人的首肯。一般参加者可以携带家人或秘书出席，但是若无明确规定，未成年的幼童、婴儿不要参加，因为沙龙的议题离他们太遥远，如果四处跑动或哭闹，会影响交际的高雅氛围。

*塑造大方得体的仪表*　沙龙主人要精心修饰，但不必豪华，如果出类拔

萃"力压群芳"反而失礼。但要体现其良好的衣着品位。男士应当仪容整洁,身穿西装套装或休闲装,女士化淡妆做发型,衣着品位典雅。若是夫妇或情侣双双赴约,衣着打扮和谐一致,穿情侣装、戴对表或服饰色彩相互呼应,给人相得益彰的美感。

**言行举止要规范** 做一个受欢迎的客人,在行为举止上必须注意三方面的礼仪:第一,举止得当,态度诚恳。如就座时,让长者、女士优先,携带物品,为其代劳等,以体现温文儒雅的绅士风度。第二,主动交流,结交朋友。面对初相识的陌生人,可以从闲聊开始,切忌坐着闭口不语,一脸肃穆表情。要借此良机,加深与老朋友的友情,结交新朋友,扩大交际圈。讨论问题时,发言要有见地,三思而后行,不要文不对题或滔滔不绝。第三,注重情谊,体谅主人。商界人士参加沙龙时,应设身处地时时为主人着想。参加沙龙之初,要问候主人,有无需要帮忙的地方。结束时应向主人告别方可离开。如果赴家庭宴会,客人不宜空手,送一束鲜花或买瓶酒即可表达情谊。一些家庭宴会因为都是熟人,大家不拘礼节,或坐沙发,或席地而坐,高谈阔论,宾主尽欢。

**2. 休闲型沙龙礼仪**

与交际型的沙龙相比,休闲型沙龙是娱乐性和休闲性更为突出的交际活动。常见的休闲型沙龙主要有远足郊游会、家庭音乐会、俱乐部聚会、游园联欢会等。通常邀请友人、同行、合作伙伴等,利用闲暇时间到自己家里、风景秀美的山庄或俱乐部,欣赏欣赏音乐、打打高尔夫或网球、钓钓鱼等,在轻松愉快的气氛中,也许一桩大生意就轻而易举地谈成了。

休闲沙龙顾名思义以休闲、游玩为主,轻松、随意、自然。但"玩也有道",休闲沙龙有其独特的礼仪。

**轻装上阵** 休闲沙龙以玩为主,因此外表首先得有玩的样子,平常穿的西装革履、西服套裙或佩戴满身的首饰等皆是不合时宜的,最恰当的装束是换上轻松随意的牛仔装、休闲服或运动装等,如果是打高尔夫,一定要穿上打高尔夫球专用的钉鞋,打网球则要穿网球鞋等。也可佩戴一两件有特色的首饰,塑造一个潇潇洒洒轻松自在的休闲形象。当然最重要的是保持乐观开朗、生机勃勃的精神风貌,从里到外的洋溢的自信快乐会感染每一个与你相处的人,从而赢得大家的友谊、尊敬和信任,取得社交的成功。

**玩也有道** 一个优秀的商务人员,不但工作出色,还要学会玩。一方面是指玩的内容的选择，另一方面是指玩的技巧。在休闲沙龙里，玩的内容既高雅脱俗，又使人轻松愉快。下棋、打桥牌、打高尔夫等，都是既有品位又符合身份的玩乐。要遵守各类休闲活动的礼仪，如果是参加自己不熟悉的体育活动，最好能先请教熟悉这种运动的专业人士。只要善于学习，玩得好、玩得开心并不难。

**休闲为主，交际为辅**　俗话说“不懂得休息的人就不懂得工作”，休闲沙龙以玩为中心，切不可急功近利，那边客户游兴正浓，这边急于谈正事，如此是很煞风景的。当然该说的话要说，该办的事要办，但关键是要选择最佳的时机。有时玩了之后或过一两天再谈正事，比玩的时候谈正事效果要好得多。

【思考与练习】

1. 举办舞会如何做到面面俱到？
2. 参加舞会应遵守哪些礼仪？
3. 如何举办交际型沙龙？
4. 休闲型沙龙的礼仪有哪些？

# 第九章

# 施与有度的商务馈赠礼仪

聪明的人懂得感恩的情意，胜过感恩礼物本身的价值。

——陶玛士

赠人玫瑰，手留余香。

——佚名

幸福就是忘记给予别人什么，而记住别人给过自己什么。

——佚名

聪明的人珍惜爱人的爱，而不是爱人的礼物。

——卡耐基

自古以来，人们就用赠礼的方式来表达相互的祝贺、敬意、友谊、爱情和感谢等，如汉代的“折柳送别话依依”的习俗。在经济日益发达的今天，商务往来日益频繁，赠礼的机会也越来越多。根据一项调查表明，日本产品之所以能成功地打入美国市场，其中最秘密的武器就是日本人的小礼物。所以有人说日本人是用小礼物打开美国市场的，小礼物在商务交往中起到了不可估量的作用。现在越来越多的公司认识到在商务活动中的馈赠，不仅是拉关系做广告，更是加强往来、增进情谊的重要手段。

但是商务馈赠是一门学问。送礼看似简单，其实很微妙。送给谁，送什么、如何送等，都大有讲究，必须遵守其约定俗成的礼仪。

## 一　选择礼品的学问

人类的举止，有一条最重要的法则。如果我们遵循这条法则，就永远不

**会出问题。但一旦违反了这条法则,我们就会惹上无止境的麻烦。这条法则就是:永远使对方觉得重要。**

**——卡耐基**

礼品是用来表情达意的,因此任何礼物都表示送礼人的情意和诚心。选择的礼品既代表送礼者的心意,又使受礼者觉得礼物非同寻常倍感珍贵。

**礼小情意深** 俗话说,千里送鸿毛,礼轻情义重。礼品是用来表情达意的。人情无价而物有价。礼品既不要太过于慷慨而让人觉得你不自量力或过于虚荣,也不要舍不得花钱而让人感觉你抠门。礼品要轻重适宜,价格与情义兼顾,以对方能够愉快接受赠礼为宜。平常要留意一些物美价廉的好东西作礼品,有时贵的东西不见得就一定有品位或能达到良好效果。美国的公司每年花在商务往来上送礼的费用高达40亿美元,钢笔、台历、袖珍计算器、钟表、酒类、玻璃杯、衬衣等都是常见的商务赠品。

**别出心裁受欢迎** 在商务馈赠中,最受欢迎的是富有意义、品质不凡却不显山露水的礼品,因此选择礼品要考虑思想性、艺术性、趣味性和纪念性等多方面的因素,力求别出心裁,不落俗套。1995年联合国成立50周年之际,中国给联合国赠送的是"世纪宝鼎"。因为"鼎"不仅代表中国的古老文明,而且象征着团结、统一和权威,是代表和平、繁荣昌盛的吉祥物,这只宝鼎如今安置在联合国大厦北花园的草坪上,供世界各国人民参观和欣赏。

**礼品选择投其所好** 选择受礼者想要的东西才是最好的礼物。因此挑选私人礼品要了解对方的品味爱好,赠送的礼品要有意义,要考虑周全,有的放矢,投其所好,然后有针对性地精心挑选合适的礼品,尽量让受礼者感觉到馈赠者在礼品选择上是花了一番心思的,是真诚的。如喜欢书的就送书,对家贫者多选择实用性的礼品,如食品、衣服和现金等。对富裕者则倾向于选择艺术欣赏价值较高并具有思想性的礼品。对朋友以趣味性为佳。对外宾以民族特色为佳,如中国刺绣和丝绸、陶瓷等都是上佳赠品。1989年美国总统布什送给中国领导人的是得克萨斯州人穿的黑色长统皮靴,而李鹏总理赠给布什的是中国的飞鸽牌自行车,布什非常高兴,当场就骑上自行车。

**礼品选择要规避禁忌** 送礼前应了解受礼人的一些地方风俗、民族禁忌和个人禁忌等,免得送礼送出麻烦来。如有人到医院看望生意上的一个朋友,带去一袋苹果以示慰问,那位病人是上海人,上海人叫苹果跟"病故"

二字发音相同,送去苹果就是咒人病故。由于送礼人不了解情况,弄得不欢而散。因此送礼时要考虑周全,以免节外生枝,如不能送广东和香港人以梅花、茉莉,因其音与“霉”、“没利”相似,而若送金橘、桃花,因其寓意“吉”和“红火”之意而深受欢迎。注意不能给老人送钟,给新婚夫妻送梨、送伞,对文化素养高的知识分子不能送差劲的书画赝品,更不能选择违法犯规的礼品、坏俗的礼品赠人,也不要把带有广告标志或广告语的东西赠送别人,不然会让对方产生利用廉价劳动力替你免费宣传的嫌疑。

**礼品选择要考虑场合** 祝贺庆典活动,可选择书画或题词为赠品,既高雅又有欣赏保存价值;祝贺公司开业,可选择鲜花花篮并写上祝贺之语作赠礼;祝贺生日,如果选择蛋糕、书籍、工艺品作赠品一定没错;祝贺婚礼,则要挑选一件特殊的礼物,如果送一对自己亲自绣花并绣上新婚夫妇姓名的枕头套,一定十分受青睐。而探视病人,则应选择实惠的礼品,如营养品、多种水果包装起来的果篮鲜花等。

## 二 赠送礼品的艺术

*赠送礼物和接受礼物同样需要头脑。*

——塞万提斯

商务交往中,一份礼物送得恰到好处,可以令工作事半功倍。全方位了解一个人,才能送得最贴心。如友人新居落成,缺幅山水画,主人喜欢画中河川瀑布水向东流,如果送了幅水向西流的画,主人就会尴尬甚至恼怒。愈是交情深厚,赠礼愈要慎重。很多大公司在电脑里有专门的储存,对一些主要关系公司、关系人物的身份、地位、个性、爱好和生日等都有记录,每遇重要节日、喜庆寿诞等,总有例行或专门的送礼,以巩固和加强双方的友好关系,提升自己的公司形象。

### 1. 送礼的礼节

**时机要恰当** 时机包括时间的选择和机会。中国人很讲究雪中送炭等,即十分注意送礼的时效性。因为在最需要时得到的才是最珍贵的。一般说来时间贵在及时或超前,如一张小小的贺年卡一定是提前赠送,否则全无意义,生日、婚礼宴请、探病、圣诞节以及其他节日都要及时或提前赠礼。

一般赠礼都在相见、道别或相应的仪式上。如果向多人赠送礼品最好先长辈后晚辈,先女士后男士,先上司后下级,按照次序有条不紊地进行。

**包装要精美** 赠送他人礼品尤其是正式场合赠送的礼品,一般都应认真包装。精美的包装不仅使礼品的外观更具艺术性和高雅的情调,显示出赠礼人的艺术品位,而且还可以避免给人俗气的感觉。另外,礼品上写有价钱的单据一定要清除干净,但如果礼品是有保修期的大物件,如家用电器、电脑等,在赠送礼品的时候把发票和保修单一起奉上,以便将来受礼人能够享受三包服务或方便其转手处理。

**方式要得当** 赠礼方式大致有当面赠送、邮寄赠送和托人赠送这三种。托送礼品是由于本人无法或不宜当面赠送,所以委托第三者代替自己当面赠送受礼者,并转达赠礼者的问候。礼物中不要放名片,可在纸上亲笔书写问候、祝贺或纪念的语句。邮寄礼品一般都要附上一份礼笺,写明赠礼缘由和一些祝福的话语等。当面赠送是最常见也是最有效的赠礼方式。礼品代表的是一份浓浓的情意,因此赠送时可当面说些祝辞或问候的话语。也可畅叙情意、介绍礼品的寓意等,达到赠礼的最佳目的。

**举止要大方** 赠送礼物时,最重要的是要神态自然、举止大方。送礼者要郑重其事地走向受礼者,双手将礼品递给对方,尽量要放在对方的手里,如果礼物过大,可请他人帮助但赠送者本人最好积极参与进来,并向对方说明一下。

### 2. 受礼和拒礼的礼节

**受礼礼仪** 接受礼物时,不管礼品是否符合自己的心意,都应双手捧接,表示感谢。同时可赞美礼品的精致优雅或实用,夸奖送礼者的周到和细致,并致感谢辞。接受礼品后可视具体情况拆看或只看外包装,还可请送礼人介绍礼品功能、特性和使用方法,以示对礼品的喜爱和接受。有的不仅在口头上表达感谢,事后还要写封感谢信。

**拒礼礼仪** 一般情况下,只要不是贿赂性礼品最好不要拒收,否则会很让赠礼人有失面子的。但如果礼物价格超过公司规定或按照纪律不宜收受礼品,则应婉言谢绝。

如果送礼人是善意的,向他解释一下将礼品退回的原因,并对他表示感谢,如果送礼人别有所图,则只需直言缘由,告诉他礼品不合适。有时,在大庭广众之下拒礼,会使赠礼者尴尬异常,遇到这种情况,可事后及时退还。

最好在24小时内单独将礼品物归原主。为了以防万一,可以把退还礼品时写的信复印一份保存起来,并注明退还礼品的日期以及退还方式等。

**3. 回礼的礼节**

接受他人的馈赠在适当的时机和场合应当有回礼,礼尚往来的商务馈赠活动有利于双方的情感交流、信息沟通,并带来更多的合作机会。回礼可以在赠礼者临走时回赠,也可以在接受礼物之后隔一段时间登门回拜,顺便赠送适宜的礼物以表谢意。

回礼的方式多种多样,礼品可以和馈赠礼品的价值相当,也可多可少,视亲密程度而定,一般商务来往或初次交往还没有深交,回礼都应当和馈赠礼品价值相仿,而比较密切的亲朋的回礼则可以随便些,主要在表达情意。

## 三 国际馈赠礼仪

*和人交往时切勿忘记的一件事,即对方有其固有的生活方式,故不可干扰他人的生活。*

*——卡耐基*

在国际商务馈赠中,应针对不同国家的风情习俗,并注意礼品颜色、图案的选择等,从而赠送恰当的礼品,以达到交流感情、增进友谊的目的。

**掌握赠礼的时机** 国际商务往来中一般初次见面不送礼,尤其是欧洲人和阿拉伯人,因为这样不符合他们的习惯,也有贿赂之嫌。但如果和对方只有一次见面的机会,或已见了几次面,也可送礼。在拉丁美洲,商务往来一般不送礼。但是,日本人在商务交往中,特别讲究初次见面时就送礼,如果你先送礼,他们会觉得没面子,可以让日本人先送。

私人朋友往来时送礼应避免在公开场合,而商务往来互赠礼品应选择公共场所,送礼时间一般在双方开始谈生意之前或结束时送礼物,一般不在商业交易中送礼。

**讲究礼品的品质** 送礼要把握礼品数量的多少和礼品价值的高低。礼品价值的高低对于外国人来讲是次要的,他们主要看重礼品的实用价值和纪念意义,但礼品太轻则被人看不起,太重又易产生思想负担,故以适中为好。礼物虽然不需要太贵,但一定要有特色。如景泰蓝小马、中国结、京剧脸谱或书签,装在古色古香盒子里的一对红木筷子等,都很有中国味道。如果送外国情侣两套衣料考究、做工地道的男蓝女红的唐装,一定会深受欢迎。

*面赠礼品效果最佳* 赠送的礼品要精致包装,包装纸的颜色以有花色为好,礼品一般当面赠送,尽量不要委托他人,赠送礼品时要用右手或双手递过去,赠礼时应在刚进入受礼人家时呈递,不要在告辞时送,送礼人对所送的礼物应作简短介绍。

*赠礼禁忌* 尊重和了解不同国家和民族的文化中的特殊禁忌,是涉外交往成功的关键。首先是宗教禁忌。不要给穆斯林送酒或猪肉制品,在印度不要送牛皮制造的礼品,因为他们认为牛是神圣的。其次是数字禁忌。中国人喜欢好事成双,送礼送偶数。西方人都推崇奇数"3"。韩国人、日本人忌讳"9"和"4",送礼不能送4件东西或带"9"的礼品。西方人忌讳"13",认为这个数字是不吉利的。如果13日是星期五,一般不举行宴请活动。其三是颜色禁忌。德国人忌穿茶色、黑色和深蓝色衬衫,法国人忌墨绿色,埃及人视蓝色为邪恶。而日本人忌绿色和粉红色,认为前者不祥,后者轻浮。

## 四 赠花的礼仪

*自古以来,花就被认为是爱的语言。*

*——卡耐基*

花卉因其鲜艳的色彩、婀娜多姿的形态和鲜活生动的神采而深受人们的喜爱,并已成为现代人美好而浪漫的交际生活的重要部分。恋爱、新婚、离别重逢、致丧、生日志喜、校庆、厂庆等,人们往往以花为礼,以言志明心。但赠花是一门很微妙的艺术,什么时候送什么花,什么场合选什么花,什么人喜欢什么花,都需要根据具体情况,因时因地因对象而精心设计。否则因考虑不周而闹出误解,反而失去馈赠花卉的目的。

### 1. 花解人语

自古以来,人们根据花卉的性格和艺术形象,创造了花的语言,赋予了特别的寓意。诗人戴望舒曾以丁香来比喻姑娘的纯洁雅致:"我希望逢着一个丁香一样的,结着愁怨的姑娘,她是有丁香一样的颜色,丁香一样的芬芳,丁香一样的忧愁。”一般而言，花的寓意是指人们根据花卉的品种、色彩、数目和搭配，而赋予其某种含义。花语一旦形成，便约定俗成。如粉色康乃馨送母亲，但如果送未婚女同事作为生日礼物，便会使受礼者哭笑不得。送花表情意，千万不能表错意。

**花之语**　鲜花无数，花语有千万种。在此谨举数例如下：

| | | | |
|---|---|---|---|
| 牡丹 | 雍容华贵 | 一品红 | 普天同庆 |
| 腊梅 | 坚贞不屈 | 银芽柳 | 希望光明 |
| 郁金香 | 爱的表白 | 剑兰 | 步步高 |
| 银杏 | 古老文明 | 天堂鸟 | 自由吉祥 |
| 水仙 | 清纯自尊 | 勿忘我 | 永世不忘 |
| 万年青 | 友谊长存 | 荷花 | 纯洁 |
| 百合 | 百年好合 | 金橘 | 招财进宝 |
| 常春藤 | 友情，忠诚的爱 | 杨柳 | 依依不舍 |
| 非洲菊 | 有毅力，不怕困难 | 紫罗兰 | 青春永驻 |
| 菊花 | 高洁，长寿 | 秋海棠 | 诚挚的友谊 |
| 红掌 | 红运当头 | 满天星 | 真心欢喜 |
| 马蹄莲 | 永结同心 | 文心兰 | 隐藏的爱 |
| 兰花 | 友谊，喜悦 | 桂花 | 吉祥美好 |
| 富贵竹 | 吉祥富贵 | 大丽花 | 大吉大利 |

**数字的语言**　花朵数量的多少代表不同的含义。

| | | | |
|---|---|---|---|
| 1朵 | 对你情有独钟 | 13朵 | 暗恋 |
| 2朵 | 你侬我侬 | 15朵 | 守住你的人 |
| 3朵 | 我爱你 | 16朵 | 成长的喜悦 |
| 4朵 | 山盟海誓 | 17朵 | 钟情 |
| 5朵 | 无怨无悔 | 19朵 | 一生守候 |
| 6朵 | 顺利 | 20朵 | 两情相悦 |
| 7朵 | 喜相逢 | 22朵 | 双双对对，生生世世 |
| 8朵 | 弥补 | 24朵 | 思念 |
| 9朵 | 天长地久 | 25朵 | 没有猜忌 |
| 10朵 | 完美的你 | 26朵 | 旧爱新欢 |
| 11朵 | 最爱，一心一意 | 30朵 | 不需言语的爱 |
| 12朵 | 圆满 | 33朵 | 深情呼唤我爱你 |

| 36朵 | 浪漫心情全因为有你 | 101朵 | 你是我的唯一 |
|---|---|---|---|
| 44朵 | 亘古不变的誓言 | 108朵 | 求婚 |
| 50朵 | 这是无悔的爱 | 111朵 | 无尽的爱 |
| 56朵 | 吾爱 | 123朵 | 爱情自由 |
| 66朵 | 细水长流 | 144朵 | 爱情生生世世 |
| 77朵 | 相逢自是有缘 | 365朵 | 天天爱你 |
| 88朵 | 用心弥补一切的错 | 999朵 | 长长久久,亘古不变 |
| 99朵 | 天长地久 | 1001朵 | 直到永远 |
| 100朵 | 白头偕老 | | |

**颜色表情** 不同颜色的鲜花蕴含不同的意义。如红玫瑰象征真实热烈的爱,粉玫瑰表示初恋和温馨的爱,黄玫瑰表道歉,白玫瑰象征纯洁无瑕或尊敬之意,而黑玫瑰表示独特专一。按照我国传统文化心理,凡花色为红、橙、黄、紫的暖色花和花名中含有喜庆吉祥意义的花,可用于喜庆事宜,而白、黑、蓝等颜色偏冷的花,大多用于伤感事宜。因此在通常情况下,喜庆节日送花要注意选择艳丽多彩,热情奔放的,志哀悼念时应选淡雅肃穆的,而探视病人要注意挑选悦目恬静的。表达对母亲的感激之情可送康乃馨,如母亲节送红色康乃馨,祝母亲健康长寿送黄色康乃馨,祝母亲永远年轻送粉色康乃馨。几种颜色组成的康乃馨表达对母亲的热烈的爱。如果是表示对亡母的怀念,则用白色康乃馨。

**2. 赠人与花,手留余香**

赠花的目的是以花为礼联系情感、增进友谊。赠花要考虑花的色彩、香型、象征意义,还要考虑赠花的场合、地点和对方的喜好等,适人适礼,才能达到赠花的最佳效果。

**赠花的形式** 赠送的鲜花一般以花篮、花束、襟花、插花和盆花为主。

花篮:由色彩鲜艳花朵组成,适用于庆祝、开业、开幕寿辰演出成功等。

花束:选择寓意不同的切花组成,外加包装纸、丝带纸,用于探访亲友、祝贺新婚或看望病人。

襟花:通常是男子送女友的小礼物。在一些喜庆场合男子也可以在上衣左胸前别一朵鲜花。襟花以与所穿衣服色泽协调为佳。

盆花:品种名贵的盆植花卉是人人喜爱的,可以祝贺朋友迁居或送给长辈。

插花:用一定的花艺,将鲜花精心修剪后搭配,插在花瓶或花篮中,置于室内案头等。花色宜人,令人心旷神怡。

将鲜花送至受礼人,一般有三种形式:亲自赠送、好友转送和请人代送。

赠花的基本形式是由本人亲送。送花人可以现场说明送花的缘由与其含意,使受花人明白一片心意。好友转送鲜花一般是赠送者本人因故不能亲送而托亲友转送。雇人代送即按相关标准支付费用,委托鲜花店或邮政局的礼仪小姐代替自己给受礼者送花。往往会给对方一个惊喜,因而这种形式越来越受欢迎。

*赠花时机* 送花要恰到好处,悦人悦己,必须注意送花的时机。前往他人家里做客,应赠花予女主人。如果提前送花予主人,让其布置居室,会让主人对你产生好感。节日、喜庆、迎送、道歉或慰问等,皆是赠花的好时机。

求婚或初次约会。不妨送一束玫瑰,花语是"我真心爱你",或送她一束蔷薇花,花语是"我向你求爱,小天使"。也可送她一束桂花,花语是"我挚爱你"。美丽的花卉使人心情愉悦可为你的初恋带来福音。

当友人新婚。可送百合花、郁金香、香雪郎和并蒂莲、扶郎花等,并配以满天星、南天竹、常春藤等组成的花束或花篮。馨香秀雅美丽的花,是百年好合、爱情郁馥、夫妻恩爱和美好的象征,更易烘托出新婚之喜的浓烈喜庆气氛。

祝贺亲友生日。年轻的可送火红的石榴花、月季花等,以祝他前程似锦。对长辈可送龟背竹、万年青,以示祝他健康长寿。若举办寿辰庆典,可选送生机勃勃、色彩瑰丽的花,如玫瑰花篮,以示隆重、喜庆。

朋友情场失意。可送秋海棠,又名相思红,代表苦恋。

祝贺生产。宜选用大红、粉红色的香石竹、月季,配以文竹、满天星,以祝幸福、健康。

乔迁之喜。适合送稳重高贵的花木,如剑兰、玫瑰、盆栽、盆景,表示隆重。

庆贺开业庆典。应选择色泽鲜艳夺目、花期较长的花篮、花束或盆花,如吉祥草、报喜花、红月季、金达莱、大丽花、唐菖蒲、红掌、君子兰、四季橘等,以示祝贺发财致富、兴旺发达、四季平安。

慰问探视病人。要依病人脾气禀性而异。一般可送一束月季花以示早日康复,或送一束芝兰象征正气清运贵体早康,也可送松柏、梅花以鼓舞与病魔斗争的勇气。

丧事。适合送白玫瑰,白莲花或素花,象征惋惜怀念之情。

*节日赠花的艺术* 新年(1月1日)。赠送的花卉要带有喜庆与欢乐气氛的剑兰、玫瑰、香石竹、兰花、热带兰、小苍兰、仙客来、水仙、蟹爪兰、红掌、金橘、鹤望兰等。缤纷的色彩蕴含浓郁的喜庆与欢乐气氛。

情人节(2月14日)。通常在情人节中,以赠送一支红玫瑰来表达情人之间的感情。将一支半开的红玫瑰衬上一片形色漂亮的绿叶,然后装在一个透明的单支花的胶袋中,在花柄的下半部用彩带系上一个漂亮的蝴蝶结,形成一个精美秀丽的小型花束,以此作为情人节的最佳礼物。

女孩节(3月3日)。因为粉色代表女性,所以一般送粉色玫瑰。

妇女节(3月8日)。妇女节适合送有喜庆色彩的组合花束或花篮。

清明节(4月5日前后)。清明节送黄白菊花或黄白百合、兰花、勿忘我最佳。

男孩节(5月5日)。男孩节一般送以黄色花为主组合的插花。

护士节(5月12日)。护士节送素雅的插花或花束为宜。

母亲节(5月的第二个星期日)。康乃馨、粉色的香石竹作为母亲节的用花。

父亲节(6月的第三个星期日)。通常以送黄色的玫瑰花为主。有的国家,把黄色视为男性的颜色。在日本,父亲节时必须送白色的玫瑰花,枝数和造型不限。

教师节(9月10日)。教师常被比喻为母亲,可送各色康乃馨。

中秋节(阴历八月十五)。中秋节送黄菊花、盆栽为好,或组合花篮、花束。

国庆节(10月1日)。国庆节适宜送组合的花篮或花束。

圣诞节(12月25日)。通常送一品红、圣诞树、黄色百合或红花绿叶组成的花环,含有祝福之意。

**3. 赠花的忌讳**

同一种鲜花,在不同的国家和地区,因文化语言风俗习惯等差异有不同的寓意。如赠花在许多国家很流行,但在埃及,只有看望病人才送花,在日本只有求婚或与疾病和死亡有关的场合才送花。在欧美,到朋友家去做客,献花给女主人是件愉快的事,但在阿拉伯国家,则是有违礼仪的。赠花禁忌主要体现在花卉的品种色彩和数量上。

**品种忌讳** 同一品种的花,在不同的国家和民族,有着不同的风俗和习惯,其含意也大不相同。荷花在中国被誉为“出淤泥而不染”,历来象征其高洁品质,而在日本被视为“妖花”。德国人认为郁金香为无情之花,送此花代表绝交。日本人讨厌山茶花,因为它容易凋落,还忌讳带花盆一起送的花,因为根系土中,与日语“卧床不起”谐音。不用菊花、杜鹃花、石竹花、黄色的花献给客人,已成为国际惯例。

**数字忌讳** 在中国,喜庆活动中送花要送双数,含意是“好事成双”,但不要送 4 枝花,因为 4 的发音与“死”相近。在丧葬仪式上送花要送单数,以免“祸不单行”。在西方国家,送鲜花讲究单数,1 枝鲜花表示“一见钟情”,11 枝鲜花表示“一心一意”,只有作为凶兆的“13”例外。不宜送 12 朵,12 朵意味着买一打便宜。

**颜色忌讳** 布置场地的花卉,严肃场合宜色彩淡雅,喜庆场合要万紫千红。一般来说,红色代表热情,绿色代表朝气,蓝色代表宁静,黄色代表高贵,但不同的国家和地区对鲜花的色彩有不同的理解。如在中国象征大吉大利的红色的花,在新人成婚的场合赠送最适宜,但在西方人眼里,白色的鲜花才是最合适的赠礼,因它象征纯洁无瑕。如果在中国将白花送给新人,一定是大不吉利。法国、德国和瑞士红色玫瑰只送给情人,它意味着我爱你。中国人喜爱黄菊,而在西方,黄菊象征着痛苦,只用于葬礼,绝不能作为礼物。在德国送白色菊花也是错误行为,在巴西紫色菊花象征死亡。

**【案例】** **一顶绿帽子**

某一著名的公关专家曾谈起一件令人哭笑不得的事。有一次他到西北少数民族地区讲学,该民族喜欢戴小帽子,当地人很客气,非要送他一顶小帽子。在场的人都用幸灾乐祸的眼神看着他,因为他们送了一顶绿色的小帽子给金教授,金教授有苦说不出:汉族男人怎么可以戴绿帽子呢?

**案例分析**:商务馈赠也是一门学问,以上这则案例违反了什么禁忌?

# 第十章

# 充满智慧的商务办公礼仪

*尊重上级是一种天职，尊重同事是一种本分，尊重下级是一种美德，尊重客户是一种常识，尊重所有人是一种教养。*

*——佚名*

*不要竭尽全力去和你的同僚竞争。你应该在乎的是：你要比现在的你更强。*

*——威廉·福克纳*

*我的一生的成就都归功于凡事早到十分钟。*

*——纳尔逊*

人们常说，人生有两大重要地盘：一个是家庭，另一个是办公室。家庭里和父母、爱人和孩子一起共同经营美满幸福的生活，而在办公室里与你的上司、同仁共同奋斗，开创成功的事业。商务人士白天的大部分时间是在办公室里度过的，办公室里不仅有工作、有事业，还有与许多上司和同事的人际交往，而每一个人又都希望自己在事业上有所成就，并在单位建立起融洽的人际关系，这一切的建立离不开礼仪。商务办公礼仪就是商务人士在办公场所应遵守的礼仪规范。主要包括如何建立个人礼仪形象，与同事融洽相处，做个受欢迎的职场人士以及如何赢得上司的赏识和信赖等等。

## 一 塑造办公场所中的个人礼仪形象

*你就是品牌。*

*——汤姆·彼得斯*

*想最幸福的事，就是最幸福的人，最幸福的人必是守时的人。*

*——威廉*

*有款有型，目标清楚的人，世界也得让他三分。*

*——大卫·约旦*

职场上的每个人都是一个品牌。美国管理学大师、《追求卓越》的作者汤姆·彼得斯认为：21世纪的工作生存法则就是建立个人品牌。在职场想把自己的牌子打得响当当，必须穿着优雅得体，让你看起来权威和有力量；言行举止落落大方，让你的礼仪修养得以完美体现；关注在办公场所中的每个细节，从办公桌面的整洁到遵守公司条规以及合理使用办公设备等，处处显示你的礼仪和修养，建立起自己独特的个人品牌。

**1. 衣着品味优雅得体**

建立自己的品牌形象，就要既注重内涵的培养，又需要全方位地注重自己的仪表。从衣着、发式、妆容、饰物到仪态等都是你要关心的。其中，衣着品味最为关键，它表明了你对工作、对生活的态度。特别是对办公室人士而言，衣着本身就是一种武器，它反映出你个人的气质、性格甚至内心世界。一个对衣着缺乏品味的人，在办公室竞争中必然处于下风。而一些商务人士还没有意识到个人品牌形象的巨大作用。他们与客户交往往往着装比较讲究，而平常在办公场所里，认为大家日日相处，性格脾气彼此熟悉，无所谓形象好坏，于是穿着打扮随随便便，言行举止不注意小节，殊不知，别人却是根据日常的形象给你定了位，你无论升迁还是加薪无不受其影响。因此个人有品味的着装意味着把别人对你的看法变成机会。如果单位有统一着装，那么无论男女，上班时间应尽量穿着工作服。至于穿制服的效果如何，完全取决于穿衣人的素质。其实制服是需要经常熨烫、洗涤以保证其整洁体面的外在形象，同时也体现你对他人的尊重，懂得尊重他人的人都能获得高质量的工作进而获得他人的尊重。如果没有统一着装，宁可穿得讲究些，优雅正式些。如果你的穿着像一名高级经理，人们在与你交谈时便会不自觉地把你视为一个重要的谈话对象。尽管每个公司皆有自己的着装风格，但一般来说，休闲装、运动装、旅游鞋适合于郊游、室外活动，不适宜于办公室。男士以西装为主并且要打领带，夏天时绝对不可以穿拖鞋、短裤、背心甚至赤膊出现在办公室。女士着装要美观大方，切忌今天是露背装、明天是低胸吊带、后天来个超短裙，天天在办公室里玩“性感”。总之，办公室穿着要优雅得体，符合办公环境和气氛，令人觉得你既清爽又知性，再加上亲切有礼的仪态，有利于快速建立你的品牌形象。

**2. 保持守时的好习惯**

“成功是一种习惯”，说的是习惯好的人更容易成功。守时便是一个非常好的习惯。李嘉诚为了做到绝对守时，把自己的手表拨快十分钟。一些商务人士经常性地不守时，往往有各种理由，其实不守时往往是由于各种怠性态度而造成。小玲硕士毕业不久应聘到公司，当时公司有硕士文凭的员工属凤毛麟角，因此公司老总和同仁对她期望蛮高。由于小玲家离公司较远，所以每每匆匆忙忙地赶到公司大楼门口时，刚好八点整。打了卡以后，她就从从容容地到女更衣室里换工作服，吃随身带的早点，有时还在洗手间里刷牙洗脸画眉，等她容光焕发出现在办公桌前，别人已工作了半小时。开始时也有人提醒过她，后来人们似乎对此熟视无睹了，她自己也习以为常，认为理所当然了。这样过了三个月，主管觉得她工作态度不够积极主动，请她另谋高就。因此，无论你多么才华横溢，无论你的公司如何宽松，也别过分地践踏公司的规章制度。请谨记威廉·詹姆斯名言：“只要将一个人内心的态度由恐惧转化为奋斗，就能克服任何障碍。”富有责任心的员工往往每天提前一点到达，可以对一天的工作做个规划，当别人还在考虑当天该做什么时，他已经走在别人前面了。如果你是新人，更应该提前上班，显示你对这份工作的专业和投入。千万别提前下班，也别等着下班，有心的员工往往会利用最后几分钟，定下心来，将一天的工作做个妥善的总结。如整理备忘录、拟打次日的工作表或整理办公桌等，做好这些后，就可以迈着轻松的脚步下班了。别以为没人注意到你的出勤情况，上司和同事其实都是睁大眼睛在看着你的。

**3. 保持办公桌的整洁**

人们往往从一张办公桌的状态推断当事人的个性和性格。如果一个人会整理办公桌面，保持其办公室的桌椅及其他办公设施整洁、美观、大方，可以基本上认定此人做事井井有条、讲究效率；而如果一张办公桌上，凌乱地堆积一些文件以及其他乱七八糟的食物、饮料罐，人们就会产生对这张办公桌的主人缺乏条理的印象。注重企业品牌建设的企业，都非常重视办公场所的整洁卫生。例如浙江某上市公司推行 CIS 的时候，专门成立一个执行小组，负责CIS落实情况，其中一项重要的内容就是每天检查员工的形象，包括办公桌是否整洁、办公场所是否空气清新等。明文规定，为了更有效地完成工作，桌面上只摆放目前正在进行的工作资料；因为用餐或去洗手间暂时离开座位时，应将文件覆盖起来；下班后的桌面上只能摆放计算机，文件或资料一律放在抽屉或文件柜中。同时注意办公场所的空气清新，勤开窗户通风，办公室不是餐厅，不是抽烟室，吃东西、抽烟可在休息室或吸烟室进行。强烈的烟味和食品味弥漫在办公室里，非常损害办公室环境和公司的形象。因此，办公桌虽小，却是人生的一面镜子，映照出你未来的人生，精明的老板只要向你的办公桌瞟一眼，便对你的个性了解十之八九。因此腾出点时间，对你的办公桌稍作修整。试着丢掉没用的餐具、过时的报纸杂志、过多而无用的笔、眼花缭乱的装饰品等，做好文件分类和归档工作，给自己一个高效率的工作空间。

**4. 使用电梯有学问**

电梯很小，但是里面的学问很大。某公司韦总与客户从办公楼六楼电梯下行，行至三楼，小王进电梯，看见韦总与客户谈得正欢，就没敢打扰。行之一楼，小王打开电梯就自顾自地走了。客人后来问韦总：刚才这个小伙子长得不错，是你们公司的吗？韦总有些尴尬地说：他是我的秘书。过了两个月，公司请小王另谋高就了。可见人人会坐电梯，却不是人人懂得电梯礼仪。当伴随客人或长辈来到电梯厅门前时，先按电梯按钮；电梯到达门打开时，可先行进入电梯，一手按开门按钮，另一手按住电梯侧门，请客人们先进；进入电梯后，按下客人要去的楼层按钮；行进中有其他人员进入，可主动询问要去几楼，帮忙按下。电梯内尽可能不寒暄，尽量侧身面对客人。到达目的楼层，一手按住开门按钮，另一手做出请出的动作，可说，“到了，您先请”之类的话。客人走出电梯后，自己立刻步出电梯，并热诚地引导行进的方向。同样道理，在走廊遇到客人，别忘了问好，当与来宾擦肩而过时，应偏向走廊的右侧。如果在楼梯相遇时，应在距客人上下各3～4阶处向其问好。

**5. 使用办公室公共设施也绅士**

单位里的一切公共设施都是为了方便大家，提高工作效率，无论打电话、传真、复印或上网，都要注意爱惜保护它们。如果与人共用，遵循先来后到的原则。设备坏了，可尝试自己修或请人来修，不可一走了之。用完后，要保证环境和设备干净整洁,以便他人继续使用。

**有效使用电脑** 信息化时代,单位基本上都给员工配备了电脑,以实现办公自动化、信息化,提高工作效率。许多人同时也常利用公司的电脑上网看自己深爱的网页。在公司上网毕竟是利用公司的资源,应适可而止,更不要在工作时间玩电脑游戏。

**正确使用复印机** 复印机是公司里使用频率较高的公共设备。当你有一大沓文件需复印,而轮候在你之后的同事只想复印一份时,应让他先用。注意在公司里一般不要复印私人的资料。使用完毕后,不要忘记将你的原件拿走,并将复印机设定在节能待机状态。如果复印机纸用罄,谨记添加;若纸张卡塞,应先处理好再离开。

**商务传真礼仪** 在商务交往中,经常需要用传真将某些重要的文件、资料、图表即刻送达身在异地的交往对象手中。传真机已成为不可或缺的办公设备之一。发送传真时,必须按规定操作,并以提高清晰度为要旨。发送传真要内容简明扼要,以节省费用,但不可缺少必要的问候语与致谢语。为了保证万无一失,在向对方发送传真前,最好先向对方通报一下。这样做既提醒了对方,又不至于发错传真。收到他人的传真后,应当在第一时间内即刻采用适当的方式告知对方,以免对方挂念。需要办理或转交、转送他人发来的传真时,千万不可拖延时间,耽误对方的要事。另外要注意不要霸占传真机,除非紧急事件,不要在黄金时段连发几十页的传真。

## 二 建立双赢互动的同事关系

*认识一个人,要靠机缘;了解一个人,需要智慧;了解以后和睦相处,则要靠包容。*

*——佚名*

*天底下只有一个办法可以影响别人,就是想到别人的需要,然后热情地帮助别人,满足他们的需要。*

*——卢梭*

同事是与自己同处一个环境一同工作、一同进餐甚至一同娱乐的人。日复日年复年,一生的大部分时间都和同事相厮守。与同事相处得如何,直接关系到自己的工作、事业的进步与发展和身体的健康。如果同事之间关系融洽、和谐，人们就会感到心情愉快，工作顺利，反之，同事关系紧张，相互拆台，经常发生摩擦，就会影响正常的工作和生活，阻碍事业的正常发展。每个职场人士，都应深谙同事相处之道，建立双赢互动的人际关系。

**1. 团队精神很重要**

现代社会集体协作多，各自为政者少。因此要求每一个办公室成员具备团队精神，建立和发展自己的人际网络，与各个级别、各个领域的人都保持良好的工作协作关系。因此具有团队合作精神已成为职场人士必备的基本素质，许多公司里特别不能容忍因为个人原因而不与同事协作的职员，即使他个人才华出众。团队合作就是要求工作中要同心协力、互相支持、共同合作。如工作中需要大家共同完成的部分，要预先商定，配合中要守时、守信、守约，自己分内的工作要认真完成，不要轻易推给他人，确实需要他人帮助时，也要看对方的可能，并以请求的态度与对方商量。同事的工作需要帮助时，要真诚、主动地予以帮助。工作时间有事外出要打招呼，告诉领导或同事，交待清楚自己的去向和需要同事办的事。工作中出现问题或差错时，不互相推诿，是自己的责任要主动承担。任何时候都不可贬低别人而抬高自己，造成同事间不团结。

**2. 尊重同事，也欣赏自己**

在办公室里，同事之间互相尊重，要从点点滴滴做起。如同事每天第一次相遇要互相打招呼问好，上班时一个灿烂而真挚的微笑不仅能够体现你的温暖人格，也能让他人感觉舒适，当同事们彬彬有礼地问候对方时，整个公司的气氛都会有所改善。一声招呼带来一天的好心情，何乐而不为？那些能赢得好人缘的人，都是善解人意、随时关心他人和整体秩序的人。平常对待同事应一视同仁，不以职位高低论尊卑，不厚此薄彼、有亲有疏。特别是对待新同事，要提供善意的帮助，新同事由于初来乍到，对工作不熟悉，迫切需要有人指点。因此在他们最需要得到帮助之时，伸出援助之手，往往会让他们铭记终生，打心眼里深深地感激你，并且会在今后的工作中更主动地配合和帮助你，切不可倚老卖老欺侮生人。有教养的职业人不但尊重同事，而且尊重同事的客人。无论是谁的朋友踏进你的办公室的门，都是公司尊贵的客人，而你就是当然的主人。做主人的，一言两语把客人打发掉，或不认识就不加理睬，都有失主人的风度。而礼貌周到地招待同事的客人，日后在你出外办事时，你的朋友也同样会受到礼遇。

欣赏自己，其实是对人在更高层面的尊重。一些商界人士大多懂得尊重别人，但往往忽略自己，其实，在这世界上欣赏自己是非常重要的事，欣赏自己是你一生的幸福的基石，是赢得好人缘的基础。欣赏自己就是在内心深处完全地接受自己，就是既接受自己的长处和拥有，也接受自己的短处和缺少。这与自私自利、孤芳自赏无关。因为一个完全接受自己的人也容易接受和重视他人。这在心理学上称为“视网膜效应”。即当我们拥有一件东西或一种特征时，我们就会比平常人更会注意到别人是否跟我们一样具备这种特征。每个人的特质中大约有 80% 的长处或优点，而 20% 左右是缺点。当一个人知道自己的缺点而不知发掘优点时，“视网膜效应”就会促使这个人发现他身边也有许多人拥有类似缺点，进而使得他无法获得良好的人际关系，生活也不愉快。这就是“视网膜效应”的影响力。因此一个人要人缘好，要受人欢迎，一定要养成欣赏自己与肯定自己的能力，因为在“视网膜效应”的运作下，一个看到自己优点的人，才有能力看到他人的可取之处。而能用积极的态度看待他人，往往是良好人际关系的必备条件，因此只要我们自己为人正直，用心努力，以快乐和感恩的心与同事合作交流，营造一种亲近的人际氛围，你将会发现做个受人欢迎的同事并不是很难的事。而同时你会发现同事其实也蛮可爱，与之共事，工作也因此变得轻松愉快。

**3. 讲究职场说话艺术**

说话是建立良好人际关系的最直接的工具，商务人士在办公室里每天要和同事、领导之间说话。很多时候，有些人吃亏就是因为不会说话。小叶在公司做办公室文员，她性格内向，不太爱说话，可每当就某件事情征求她的意见时，她说出来的话总是很“刺”人，爱揭别人的“短”。同事穿一条漂亮的新裙子，别人都称赞“漂亮”“时尚”之类的话，可她“实话实说”：“可惜你人太胖了，不合适。”诸如此类，小叶常说令同事难堪的话。久而久之，同事们渐渐地疏远了她。因此与同事交谈，说什么，怎么说，什么话能说，什么话不能说，都非常讲究。首先，要谈吐礼貌。平常礼貌用语不离口，常说：“请”、“谢谢”、“对不起”、“麻烦你了”、“拜托了”、“可以吗”等。当一方站着讲话时，另一方最好也站起来以示尊重。你的文质彬彬，可以教会别人同你一起维持文明的交谈环境。其次，多赞美少责怪，多鼓励少嘲讽。平常多赞美、鼓励对方以赢得友谊，一旦工作中发生矛盾，应宽宏有度，不斤斤计较，要真诚坦率地与对方沟通,从而有效地解决问题,不要一味责怪或嘲讽对方而招致对方的反感。再次,语言表达要得体。即在不同场合和对不同对象都应得体表达,包括用字遣词、谈话内容语气声音等,都应做适当调整。在办公室里,与同事说话应该简洁明快,声音轻柔,不要高声喧哗,旁若无人。除非急事,有什么话慢慢讲,别人也一样会重视你的。平常说话要谨慎,特别是工作中的机密必须守口如瓶。最后,办公室说话禁忌。不要对别人评头品足,拨弄是非;不要滔滔不绝,办公室不是向人汇报自己的身世或闲聊的天地,也不要偷听别人讲话或插嘴等等。

**4. 与同事保持适当距离**

同事之间要融洽相处,既不能离得太远,显得生疏,又不能亲密无间而导致"亲近生狎"。与人交往,保持适当的距离,才能产生距离美。一对在世界羽坛上叱咤风云的双打女冠军面对记者采访时告诉人们一个"惊人"的小秘密:虽然两人在球场上配合得天衣无缝,但平时除了打球、切磋球艺外,生活中却很少来往,吃住也都不在一起,一起吃饭也仅几次而已。因为教练怕女孩子之间鸡毛蒜皮的事情太多,免不了有时闹些小矛盾,怕不良情绪带到球场,索性把生活和打球分开。这个教练可谓懂得距离产生美感的真谛。可见,适当保持距离,不但不会疏离感情,反而能更好地团结协作。保持距离指物理距离和心理距离两个方面内容。

**保持适当的物理距离** 有人说,空间也能说话。对方和你的关系如何,可以通过他与你保持的距离来判断。美国人类学家爱德华·霍尔博士根据人们交往关系的不同程度,把个体空间划为四种距离:亲密距离、个人距离、社交距离和公众距离。办公室同事之间交往应属于社交距离,大约在1.2~2.1米之间,如上司对下属布置任务,接待因公来访的客人,进行比较深入的个人洽谈时大多采用这个距离。交往时与对方离得太远,会使对方误认为你不愿向他表示友好和亲近,但如果离得太近甚至交头接耳地说话,稍有不慎时就有可能把唾沫溅到别人脸上,令人感觉很不安。因此从礼仪讲,一般保持一两个人的距离最为适合,这样做既让对方感到亲切的气氛,又保持一定的距离,让人感觉最为舒服。

**保持适当的心理距离** 办公室是公事公办的地方,绝对不是玩感情的地方。有时同事之间摩擦不断,恰恰是交往太过密切、随意,从而侵犯别人的私人领地之故。平常不要无端进入别人办公室、工作场所去打扰别人。

进入别人的办公室前应先敲门,不要私自翻阅同事办公桌上的文件、信件,更不要去查看别人的电脑。未经许可随意挪用他人物品,事后又不打招呼的做法,实在显得没有教养。至于用后不放回原处,甚至经常忘记归还的,就更低一档。保持适当的距离,尊重别人的私人空间,才能赢得别人的尊重。

**5. 适当"让利",放眼将来**

有人形容同事如同豪猪,为"稻粱"谋,都到单位"取暖",不幸人人长有豪猪刺,那刺便是各自的私利。如何能彼此取暖,又不会碰到那些刺?就要适当让利,放眼将来。《读者》有一篇文章,题目是《第六个是自己》,说的是几年前,一家锻压铸造厂生产任务不足要减员,减员指标分到各车间班组,要求以末位淘汰制的方式来压缩员工。仓库有六位员工是清一色的40多岁的女工,平时团结一心工作十分出色,但这六人中也分到一个减员指标。组长发给每人一张白纸,让大家写上将被淘汰的"末位"即第六个人的名字,当组长打开这六张纸时,看到的是六个不同的名字,原来每个员工都写上了自己的名字,第6个是自己。第二天这六位员工集体辞职,合伙办起一家小吃店,由于经营有方,后来竟兼并了这家濒临倒闭的厂子,发展成为一家餐饮连锁集团。当有人问起当初为何"第6个是自己"时,她们回答说,改革并非总是体现人与人之间的无情竞争,有时候,退让,或许也是一种更积极的进取。我们平常在办公室里,处处可以听到不和谐的声音,同事关系难处,大多数是因为过于计较自己的利益,老是争求种种的"好处",时间长了难免惹起同事们的反感,无法得到大家的尊重,而且他们总在有意或无意之中伤害了同事,最后使自己变得孤立。其实多一些谦让,多与人分享,这种豁达的处世态度无疑会赢得人们的好感,也会增添你的人格魅力,会带来更多的"回报",俗话所说的"吃小亏占大便宜",从一定程度上说明了这个道理。

## 三　与上司沟通的艺术

职员能否得到提升,很大程度不在于是否努力,而在于老板对你的赏识程度。

——科尔曼

懂得感恩,常说谢谢,就会成为美人。

——斋藤董

办公室里人才辈出，高手云集，如何脱颖而出，迈向职场成功之路？除了自身工作努力，拥有骄人的业绩外，与上司建立良好关系是关键。因此学会与上司交流的手段和技巧，不仅会使你与上司之间的信息交流通畅，也会有助于你搞好与上司的关系，进而提升你在职场的竞争力。

**1. 品读你的上司**

当你完成一份工作，兴致勃勃地向甲上司作详细汇报时，上司觉得你汇报得太琐碎，他要的是结果而非过程；而当你简洁概括地向乙上司汇报工作时，上司却想知道更详细的情况。于是你不知所措，不知道怎么做才是正确的。其实，甲之砒霜，乙之蜜糖，关键是如何对症下药。如上例中，甲只愿把握大局，乙却注重细节。你在工作汇报中细枝末节、详详细细地向甲作汇报，他会感到厌烦，认为你烦琐抓不住要领；而对于喜欢关注细小琐碎、做事谨慎的乙却正对胃口。可见了解上司是进行良好沟通的前提。

**了解上司的个性和处事风格**　上司也是普通人，也有七情六欲，也有脾气、个性和偏好等等性格特点。如果上司是个凡事犹豫、没有自己主见、优柔寡断型的人，你只要多提几种方法或方案供其选择，但不要给他作主张；如果上司性格暴躁，常发脾气，那么最好不要惹他动怒，说话尽量简单、诚恳，特别是在他工作繁忙和心情不佳时，尽量不去打扰他，惹不起躲得起，如果挨了骂也不要过分在意；对于工作狂型的上司，最好的方法就是工作努力，认真细致，处处表现出良好的专业素质与专业能力，当好他的得力助手；如果上司是个雷厉风行型的人，那么作为下属，要头脑聪慧、反应灵敏、做事爽快，才能赢得他的赏识。总之，你只有对上司的个性及处事风格有较全面细致的了解，才能与上司步调一致，及时预测职场的风向。

**读懂上司的体态语**　俗话说："一切尽在不言中。"行走职场，领会上司的意图并不仅仅依靠语言，一个眼神，一个手势或一个表情，皆能洞察上司的意图。上司与下属之间的眼神交流，更能无声地传达出他们之间的关系如何、默契与否。例如上司说话时眼神发亮，瞳孔放大，意味着他欣赏你，对你很感兴趣；眼睛看着你的额头，表明其优势和权威；眼睛不看着你，可能他不重视你；如果上司用锐利的眼光目不转睛地盯着你，则表明他在显示自己的权力和优势；上司只偶尔看你，眼光躲躲闪闪，则表明他缺乏自信。心理学家认为，除了眼神，还有许多体态语言能让下属知晓上司的内心世界，了解他所说的是否就是他的真实想法。如日本松下典型的精神奖励是上司走近员工,拍拍他的肩膀,以示亲密和鼓励。一般来说,上司双手叠放在腹前,意味其谦和,愿意与对方平等沟通;当上司的双手平静地放在背后时,则表明他具有优越感;而当上司双手叉腰,双肘向外,意味着其权威或不满。一般而言,体态语言较丰富的领导,相对比较感性;体态语显得夸张的人,属于敏感型的领导,较易受别人的影响。

另外,如果适当地了解上司的业余爱好,有时也有助于工作的开展,如上司是个球迷,你在他的球队打赢的时候去请教一个需要解决的问题,他也许会给你工作上许多有益的帮助。

总之,了解上司,并采用适当的应对手法,是与之和谐相处的前提。

**2. 积极主动与上司进行沟通**

与上司建立良好关系的最重要的秘诀就是一定要积极地与上司进行工作上的沟通。应懂得主动争取每一个沟通机会。千万不要因心理恐惧而极力逃避与上司的沟通。如果你能善于沟通,乐于沟通,总有一天你会发现,你的工作总是能最好、最快地完成。以下是几种常见的工作沟通形式。

**接受指示**　一项工作在确定了大致的方向和目标之后,上司通常会指定专人来负责该项工作。如果上司明确指示你去完成某项工作,那你一定要用最简洁有效的方式明白上司的意图和工作的重点。弄清楚该命令的时间、地点、执行者、为了什么目的、需要做什么工作、怎样去做、需要多少工作量。在上司下达完命令之后,对上司的指示进行恰当的反馈,以最有效的方式同上司就重要问题进行澄清,也可简明扼要地向上司复述一遍,看是否还有遗漏或者自己没有领会清楚的地方,并请上司加以确认。既然是接受指示,就应当将指示接受下来。即使有什么问题,也不要急于进行讨论和争辩。能快速准确领会领导意图,是赢得上司好感的基础。

**汇报工作**　对上司来说,管理学上有句名言:下属对我们的报告永远少于我们的期望。因此作为下属,应及时向领导作汇报。在接受上司指示之后,应该积极开动脑筋,你应该尽快拟定一份工作方案,并向领导汇报或请求审批。在工作中要主动报告工作进度,让上司放心,不要等事情做完了再讲。有时小小的一点错误,发展到后来会变得很大,所以最好早早地向上司汇报你的工作进度,一旦有错误,及时得到领导的帮助和指点,避免犯大错误。特别对于上司所关注的重点,应着重或详细进行汇报。在工作完成后及时总结汇报,总结成功的经验和其中的不足之处,以便于在下一次的工作中改进。总结中切莫忘了上司的正确领导与同仁的共同努力。汇报时应注意客观、准确,尽量不带有个人、自我评价的色彩,以避免引起上司的反感。作为下属,汇报时一定要充分尊重上司,在各方面维护上司的权威,支持上司的工作,这也是下属的本分。汇报工作并不意味着唯唯诺诺,四平八稳,而是要积极主动,有技巧地提出自己的意见。如果你把汇报工作都做得完美无缺,将提升上司对你的信任度。

**商讨问题** 上司和我们一样是普通的凡人,也希望与下属沟通交流,建立融洽和谐的上下级关系。许多人觉得难与上司沟通,解决的办法是不要受地位或头衔的困扰,本着开放、平等和互动的原则进行交流。在商讨问题时,如何说服上司,让上司理解自己的主张、同意自己的看法。

首先,要选择恰当的提议时机。深谙职场谋略的人都知道,最好在上司心情舒畅、时间相对充裕的时候提建议。否则,即使你的提议最好,上司也很可能没耐心听你解说。选择什么时机提建议较合适?每个上司的工作时间安排不一样,因此并无定规,但一般来说,在上午 10 点左右较合适。因为刚上班时,上司会因事情多而繁忙,到快下班时,上司又会疲倦心烦。而此时上司可能刚刚处理完清晨的业务,有一种如释重负的感觉,你适时地以委婉的方式提出你的意见,会比较容易引起上司的思考和重视。还有一个较好的时间段是在午休结束后的一个小时里,此时上司经过短暂的休息,可能会有更好的体力和精力,比较容易听取别人的建议。当然如果是紧急事情,根本没时间考虑什么是合适的时机。

其次,带着方案去找上司。有经验的职业人在找上司谈话前会问自己两个问题:我的问题是什么?解决问题的方案是什么?如果没有考虑清楚,即使走到上司门口也要转向走回来。如果是书面材料,应有具体的有关数据和资料,借助视觉力量,增强说服力。还应设想上司质疑,事先准备答案。上司对于你的方案提出疑问,如果你事先毫无准备,心慌意乱,前后矛盾,当然不能说服上司。因此,应事先设想上司会提什么问题,自己该如何回答。要带着较成熟的方案去找上司,没有解决问题的方案不要去找上司。

再次,把握分寸,讲究说话技巧。上司时间珍贵,因此在与上司交谈时,应当简明、扼要和完整。对于上司最关心的问题要重点突出、言简意赅,而不要东拉西扯,拖泥带水,分散上司的注意力。另外,适当运用你的人格魅力。当你面对上司时，言谈举止中透露出你足够的自信，并能够自始至终保持微笑，音量适中，上司就会被感染甚至被征服。自信是成功的一半，试想如果下属表情紧张，局促不安，说明自己对方案本身缺乏足够的自信，那么上司怎么可能信赖你？但要注意不要把自己的观点强加于人。上司毕竟是上司，上司与下属考虑的层面不尽相同，无论你的方案或计划多么完美无缺，也不能强迫上司接受。一个聪明的下属绝不会把它变成辩论会。如果上司没有当场表态同意你的观点或方案，你应该在阐述完自己的意见之后礼貌地告辞，给上司一段思考和决策的时间。即使上司不愿采纳你的意见，你也应该感谢上司倾听你的意见和建议，同时让上司感觉到你工作的积极性和主动性。总之，在商讨问题的过程中要时刻注意把握分寸，保持良好的沟通环境。

**3. 赢得上司的赏识和信赖**

现代职场上，最大的苦恼莫过于工作努力却默默无闻，得不到上司的赏识。美国人力资源管理学家科尔曼认为："职员能否得到提升，很大程度不在于是否努力，而在于老板对你的赏识程度。"如何让上司赏识你信赖你？既要具备职场必备的高素质，高质量履行自己职责，以业绩说话，又要讲究处世技巧，让上司知道你的付出。

赢得上司赏识和信任最重要的一条是业绩。完成工作任务是赢得与上司良好关系的前提。你的上司如果是老板，他的事业心自然强过一般人。如果这个企业垮了，对打工仔来说，仅仅是丢了一个饭碗，对老板来说，却可能是输了整个身家性命。因此如果你能为老板分忧解愁，老板自然对你青睐有加。只有高素质的人才能高质量地完成任务。上司欣赏的人应具备以下重要的职业素质：

*勇于创新，敢于负责*　很多获得提升、受到重用的员工有着共同的特征、共同的行为模式——主动、创新和不怕犯错的勇气和态度。外企评价中国许多大学毕业生，中规中矩，像棋盘上的一颗棋子，拨一下动一下，缺乏工作主动性和创新性。21 世纪，中国要成为创新型的国家，企业要成为创新型的企业，员工应首先成为创新型的人才，凡事都向老板请示，不负责任或害怕负责任的人，对于企业的发展没有什么好处，更不可能为老板分担工作，甚至去做一些富有建设性或创造性的事情。而那些在工作中有主见，勇于开拓创新的人，才是有创造潜能的人，他们给老板们带来的收益是高附加

值的。主动、创新和不怕犯错是企业心目中理想员工的共同特征，最主要的是员工要有“自己的看法”，企业最怕“没有看法”的人。

**掌控情绪**　有人说，决定一个人成功的不是智商，也不是情商，而是逆商，即面对困境时所表现的坚韧。美国新任国务卿赖斯任何时候都表现得优雅坚韧，给人感觉她强大的力量。一个逆商高的人，能够智慧地化解人生或工作中的困难和挫折，以积极的态度与人处世。没有人喜欢满腹牢骚的人，上司也一样，喜欢与乐观开朗的人相处。因此，在你最沮丧的日子里，也要向老板和同事显示出你最快乐的一面。一旦工作出现失误，要快速对情况作出评估，制定出控制损失积极的可行性计划，然后直接找老板告知问题所在以及你准备采取的解决办法。

**善于学习**　当今社会发展日新月异，没有人可以在学校里取得文凭哪怕是博士文凭就可以一劳永逸了。书本学习能力只是一个方面，更重要的是向别人学习的能力，即善于向他人学习成功的经验或失败的教训，还要有自学的能力，没有人教你帮你，只有靠自己的悟性，不断地在工作中自我总结。既要学习专业知识，也要不断拓宽自己的知识面，往往一些看似无关的知识会对你的工作起到巨大作用。如果有幸遇到高水平的领导和同事，更是进步飞快。上司往往欣赏的是善于学习，反应敏捷，接到任务后便迅速准确及时完成的下属。

**尊重上司**　即使你才华横溢，如果不懂得尊重上司，自然也得不到对方的赏识。在工作中尊重上司，就是要为他分忧。当上司在工作中出现失误时，千万不要持幸灾乐祸或冷眼旁观的态度，而能体谅上司的处境，并且在他需要的时候伸出援助之手。当上司交给你一项临时任务时，不管你正在忙什么，都要先完成上司所交的任务。当上司出现在你面前，而你正在打电话，如果是平常问候，应尽快结束，如果是你正在与客户谈一笔重要的生意，那么你在接电话的同时，要对上司的出现作出反应。让上司久等，是一种不礼貌的表现。永远不要忘记你上司的时间比你的更宝贵。另外，尊重上司并不意味着与上司可以亲密无间，称兄道弟，上司就是上司，要尊重其私人空间，特别不要侵犯其隐私，以免给自己带来不必要的负担。对上司尊重还体现在工作上和生活中点点滴滴的细节礼仪与忌讳事项上。如见到上司，便应该趋前打招呼。如果距离远，不便呼叫，可点头示意。近距离相处则用礼貌用语招呼。不要一到下班时间就消失得无影无踪，如果你未能在下班前将问题解决好，那你必须让人知道。如果你不能继续留下来帮忙，那你应于抵家后打电话回公司看看事情是否已得到控制。就算是平常的日子，在离开公司之前，向你的主管打声招呼也是好的。无论在公司内或公司外，只要上司在场，离开的时候你一定要跟上司招呼一下“对不起，我先走一步了”或者说“再见”。

**工作积极主动，甘愿付出** 中国人常说“吃亏便是福”。其实是表面吃亏，机会却会伴随吃亏的同时随时降临到你的头上。金盛大学刚毕业，分配到人力资源部工作，由于人手少，工作繁杂，常常需要人加班加点。金盛是个快乐的单身汉，常常主动地提出加班请求，以照顾其他有家有室的同事。因此同事对金盛心存感激，在工作上尽力扶持他。两年后，由于工作出色，人际关系融洽，金盛顺理成章地被提升为部门主管。在公司中，即使最完整的人事规章，最详细的职务说明书，都不可能把每个人应做的每件事都讲得清清楚楚，有时会临时跳出一些事来。当上司要你接手一份额外工作时，请把它视作一种赞赏，而不要说“那不是我分内的工作”之类的话。这可能仅仅是一个小小的考验，看看你是否能承担更多的责任。那些不愿做额外工作的职员，事业将会停滞不前或被那些任劳任怨、热情而勤奋的同事淘汰。临时的事是一定要有人做的，当上司交予你做的时候，你的态度会在上司心目中留下深刻印象，如果你心不甘情不愿地去做，即使你也完成了任务，在上司心目中却大打折扣，下次上司不一定会再劳你的驾，但加薪升职的好事也不会轮到你。因此，如果你一口答应，一肩挑起，而且毫无怨言地去做，你的上司会非常地感激你，他即使当时不说，也会利用另外的机会表扬你、奖励你、回报你。

**坦然面对上司批评** 职场有一种说法：“老板批评你，而且批得越狠，越说明你在他心目中位置的重要，因为他把你当作自己人，爱之切，才会批得狠。批评你是为你好，为你进步。如果有一天老板对你客客气气，再也不批评你了，说明你对他来说已无足轻重了，你该考虑是否卷铺盖走人了。”此话虽有失偏颇，但也说明了行走职场，免不了挨上司的训，如何正确面对上司的批评，关键是心态问题。上司一般不会把批评、责训别人当成自己的乐趣，而且发火容易伤身体。既然批评，尤其是训斥容易伤和气，那么他在提出批评时一般是比较谨慎的。他对你的工作不满意才会批评你，因此，下属首先应抱着自责和检讨的心理去接受批评。神态上应该尽可能地保持谦逊的姿势，虚心的神情，眼神不可随意飘动，要表现出对上司批评的专注来，不要让他以为你心不在焉或是不甚服气。这并非懦弱，而是尊重上司的权威和面子。如果你不认真对待他的批评，把训斥当耳旁风，依然我行我素，其效果也许比当面顶撞更为糟糕。没有比让上司丢面子更糟糕的事了。上司如果是个高水平的领导，你虚心接受批评的同时，能力也会大有长进，因此聪明的下属会怀着感恩的心去接受批评，并诚恳地请求上司给予指导。这样即使你真的做错事情，上司也会觉得你是可以造就的人才。因为在诚恳地接受上司批评的同时，让上司深切地感受到他的价值，并且得到指导人的成就感和满足感。其次面对批评不要当面顶撞或过多地辩解。上司并不是完人，有时上司的批评有失公允，但如果他正在火头上，你失去冷静，当面顶撞，无异火上浇油，留给上司的是加倍的震怒和斥责。有的当面不敢顶撞，背后牢骚满腹。其负效应将会让你和上司的感情距离拉大，关系恶化。聪明的下属应审时度势，压制自己的情绪化冲动，理智地看待上司的批评，并把它转化为受其关注的一次契机。在挫折和磨难中不断加强内涵修养，提升自己的人格。

**拥有一技之长并适当表现自己** 一个精明的员工，不仅要会做事，而且还要会表现自己，才有机会脱颖而出。林画是企业内刊的编辑兼记者，长相平平，平时埋头于书稿的编写当中，同事对她印象平平。忽然有一次，老板在大会上表扬了她，令大家对她刮目相看。原来有一次公司参加商洽会，其中一个外商对公司产品感兴趣，用英语提出了几个问题，公司参展人员大都是哑巴英语，只有干着急。以记者身份参加的林画适时地站出来，用流利的英语回答了外商的提问，令外商非常满意，当即下了订单。因此，如果你拥有一技之长，本身就说明个人素质，尤其是在职业素质上超过一般人，但还要适当地表现自己，让上司知道你，赏识你，这样就能够创造一个恰当的环境，有可能成为企业的骨干，甚至成为上司的得力助手。就价值而言，这些人的含金量高，是企业蓬勃发展的依托。因此千万不要放弃任何一次推销自己的绝佳机会，不要甘于不引人注目。对此，台湾作家黄明坚作了一个形象的比喻："做完蛋糕要记得裱花。有很多做好的蛋糕，因为看起来不够漂亮，所以卖不出去。但是在上面涂满奶油，裱上美丽的花朵，人们自然就会喜欢来买。"做完蛋糕要想到裱花，蛋糕就自然赢得了人们的青睐。做出成绩也要适时地包装、呈现出来，让上司知道你的付出，从而重用提拔你，如同蛋糕的裱花一样,看似无关紧要,实质上却是职场人士走向成功的第一步。如何包装你的工作,有几种有效的途径,如充分利用公司的会议,在会议中适当发言表述自己的工作成绩;书面汇报一定要署上自己的名字,不要把上司或老板的名字都写了上去,却唯独忘了自己,“功亏一篑”;可有效利用E-mail,如项目完成后,利用E-mail寄给自己的直属上司外,也可以寄副本给更上面的长官,作用在于告知大家这件工作完成了,同时也让总经理等高层领导看到你的表现;如果上司了解情况,回答问题时,要做到问必答,答必详。最好还是问一句,答三句,让上司清楚地了解情况。

总之,中国人虽历来讲究谦虚,不欣赏那种锋芒毕露、恃才傲物、处处咄咄逼人的做派,但偶尔露峥嵘,适当的时候展示自己的才华还是完全有必要的,上司若是明智之人,对下属的才华和脱颖而出的表现,定会刮目相看的。毕竟上司的认可程度在一定时间段内直接影响着我们的价值体现。

**【案例】** **一个女职员的烦恼**

童某是一家晚报的记者,开朗活泼的她很庆幸自己能够选择一个非常合适的工作。所以她对工作投入了满腔的热情,写出几篇较有分量的报道。但是到了年终时,升职加薪全无她的份。而一个在工作热情和工作业绩上都明显不如她的职员,却因为善于奉承主管而轻轻松松地升了职加了薪,童阳怎么也想不通。一次,上洗手间时碰到与自己关系不错的一个同事。愤愤不平的她忍不住把自己一肚子委屈告诉了她。说主管提升人不是看谁有本事,不看重人的才能,而只把眼睛盯在会拍马屁的人身上,对她却时时在一些事情上进行压制。又说上司是个老姑娘,性情古怪,难怪这么大年纪也不结婚。此时,童阳的主管刚好走进来,朝她们两人笑了笑。童阳和同事神情尴尬,不知道主管在洗手间外面站了多长时间,有没有听到对她的议论。后来,那个原本关系不错的同事怕受牵连,主动疏远了童阳,而童阳的主管虽然没有特别青睐她,倒也没有为难她,见面反而愈加客气了。但童阳自己却似患了心病,心情很不舒畅,又不好意思当面向主管道歉,日子过得不尴不尬,放弃这份心爱的工作吧,有点舍不得;不放弃吧,整天与上司僵着,心情也不舒畅,不知该怎么办好。

**案例分析:**如果你是童阳,该如何处理与上司的关系?在办公场所与上司相处,应注意哪些礼仪禁忌?

第十一章

# 万无一失的商务会议礼仪

*一个成功者之所以与众不同，正是因为他养成了凡事不能疏忽大意的习惯。*

——佚名

*要使对方满意的最好方法，就是把对方所说的话，重新再说一遍。*

——马克·吐温

会议，又称集会或聚会，是指有领导、有组织地使人们聚集在一起，对某些议题进行商议或讨论的集会。商务人员在日常交往中组织和参加的会议主要有三种：行政形会议，如行政会、董事会等；业务形会议，如展览会、供货会等；社交形会议，如茶话会、联欢会等。此类会议因与商界各单位的经营、管理直接相关，因此称之为商务会议。在现代信息社会里，商务会议对沟通信息、协调行动、建立联络、结交朋友等起着愈来愈重要的作用。商务会议礼仪就是指组织和参加商务会议中必须遵守的礼仪规范。本章重点介绍商界最常见的商务洽谈会、新闻发布会、展览会以及赞助会的有关礼仪规范。

## 一　商务洽谈会礼仪

*所谓洽谈，就是一连串的不断要求和一个又一个的妥协。*

——佚名

*一场成功的谈判，每一方都是胜者。*

——佚名

*君子求财不求气。*

——*佚名*

商务洽谈又称商务谈判,是指买卖双方就共同感兴趣的问题或某笔交易,进行磋商、协调、调整各自利益的过程。绝大多数正式的商务洽谈,本身就是按照一系列约定俗成的既定礼仪和程序进行的庄重的会晤。在商务洽谈中,正确的态度应当是既要讲谋略,又要讲礼仪。倘若只讲谋略而不讲礼仪,或只讲礼仪而不讲谋略,都不会有助于洽谈的成功。

**1. 商务洽谈会的基本原则**

商务人士在参加洽谈会时,要与时俱进,更新观念,树立正确的指导思想,并且以此来指导自己的谈判行为。洽谈总原则就是要求洽谈双方以礼待人,尊重别人,理解别人。具体应遵循如下原则:

*双赢原则* 市场竞争强调伙伴、对手之间同舟共济,既要竞争,又要合作。因此优秀的谈判者并不是一味固守立场,寸步不让,而是要与对方充分交流,从双方的最大利益出发,创造各种解决方案,用相对较小的妥协换取最大的利益,而对方也是遵循相同的原则来取得交换条件。“双赢”谈判的结果是,你赢了,我也没输。

*平等协商原则* 要求洽谈各方以平等的态度、协商的方式处理关系,而不是通过强制、欺骗的手段达到目的。

*求同存异原则* 洽谈实际上是观点各异的各方经过种种努力,从而达成某种程度上的共识或一致的过程。因此洽谈双方允许存在分歧,只要在相对公平、合理和自愿的基础上达成共识,在最大程度上维护或争取了各自的利益,就是可以接受的。

*依法办事原则* 商务人员自觉地树立法制思想,洽谈者所进行的一切活动,都必须得到法律的承认和保护。

**2. 商务洽谈会的筹划**

有道是常备无患,凡事多一分准备,就多一分成功的机会。洽谈会能否成功,在于洽谈前周密艰苦的准备工作。准备充分是洽谈会成功的最重要因素。洽谈会的准备主要包括技术性准备和礼仪性准备两方面工作。

*技术性准备* 洽谈者要事先充分地掌握有关各方的状况,目标明确,运用正确的洽谈手法与洽谈策略。技术性准备主要包括以下几个方面工作:

制定目标和方案。目标是商务洽谈的核心和导向。一般由公司的决策层提出主导意向，再经各有关部门和业务专门人员进行可行性研究，提出谈判方案，对自己的谈判方案反复审核、精益求精，使方案更臻完美。最后报请公司决策层审查、批准。

选择合适人员。根据对方的谈判阵容，选出洽谈会的主谈人首席代表，双方的主谈人应当在身份职务上大体相当。并考虑参加谈判人员的知识结构、个人性格、谈判经验和应变能力等因素组成强有力的洽谈班子。

收集大量而真实的资料。洽谈者应当知己知彼，才能扬长避短、避虚就实。首先了解对方公司的基本情况，包括公司历史、主导产品及信誉和实力、市场占有率和财务状况等。其次了解谈判对手的情况，尤其是主谈人的个人资讯、谈判风格及政治、经济以及人际关系方面的情况等。最后了解谈判对手的背景材料，如历史传统、风俗习惯及文化背景等。如有可能，收集谈判对手的主要商务伙伴、竞争对手，以及洽谈对手的谈判方案等等。收集的资料尽可能客观，不要以道听途说或是对方有意散布的虚假情报，来作为自己决策的依据。只有在真实准确的资料基础上，才能做出科学决策。

熟悉谈判程序。洽谈的过程是由"七部曲"，一环扣一环，一气呵成的。它们是指探询、准备、磋商、小结、再磋商、终结以及洽谈的重建等七个具体的步骤。在其中的每一个洽谈的具体步骤上，都有自己特殊的"起、承、转、合"，都有一系列的台前与幕后的准备工作要做，并且需要当事人具体问题具体分析，灵活应变。因此商界人士在准备洽谈时，一定要多下苦功，多做案头的准备工作，尤其是要精心细致地研究洽谈的常规程序及其灵活的变化，以便在洽谈之中，能够胸有成竹、处变不惊。

洽谈者应当学习谈判策略。谈判讲究双赢，但不代表自己不努力争取己方的利益。实际上，任何一方在洽谈中的成功，不仅要凭借实力，更要依靠对洽谈策略的灵活运用。如以弱为强、制造竞争、出奇制胜、利用时限、声东击西等策略，有时，成功来自关键时刻的耐心。因此，在紧张的谈判中，保持沉默，耐心等待，也是最富建设性的措施。谈判者不但应熟悉以上策略，而且要运用得恰到好处，才是一个真正的谈判高手。

**礼仪性准备** 如果担任东道主安排洽谈，要恰如其分地运用礼仪，确定洽谈的地点，布置好洽谈的环境，排定洽谈的座次，以此赢得信赖，获得理解、尊重。此谓主随客便，主应客求，以"礼"服务。

确定商务洽谈的地点。洽谈地点可分为主座洽谈、客座洽谈、客主座轮流洽谈以及第三地点洽谈。主座洽谈,即在我方所在地进行的洽谈。客座洽谈,即在洽谈对手所在地进行的洽谈。客主座轮流洽谈,即在洽谈双方所在地轮流进行的洽谈。第三地点洽谈,即在不属于洽谈双方任何一方的地点所进行的洽谈。以上四种洽谈会地点的确定,应通过各方协商而定。谈判地点一旦确定,就不能轻易改变。

布置好洽谈会的环境。要求洽谈者在安排或准备洽谈会时,应当布置好洽谈的场所。会场的鲜花布置应该趋向庄重的装饰形式,花的品种一般以百合、兰花、剑兰等花材为主,点缀些小菊、孔雀草等。简约大方的同时体现热情、诚挚的气氛,将有利于谈判双方在融洽、温馨的氛围内展开话题、达成共识。

商务洽谈的座次安排。除了一些小规模洽谈会不必拘泥座次,一般正式洽谈会,都极重视座次的安排,这既是洽谈者对规范的尊重,也是洽谈者给予对手的礼遇。举行双边洽谈时,应使用长桌子或椭圆形桌子。宾主应分坐于桌子两侧。若桌子横放,则面对正门的一方为上,应属于客方;背对正门的一方为下,应属主方。若桌子竖放,则应以进门的方向为准,右侧为上,属于客方;左侧为下,属于主方。在进行洽谈时,各方的主谈人员应在自己的一方居中而坐。其余人员则应遵循右高左低的原则,依照职位的高低自近而远地分别在主谈人员的两侧就座。假如需要译员,则应安排在主谈人员之右。

举行多边洽谈时,为了避免失礼,按照国际惯例,一般均以圆桌为洽谈桌来举行"圆桌会议"。这样一来,尊卑的界限就被淡化了。即便如此,在具体就座时,依旧讲究有关各方的与会人员尽量同时入场,同时就座。至少,主方人员不应在客方人员之前就座。

**3. 掌握商务洽谈会的礼仪**

商务洽谈并不是你死我活的斗争,而是一种为合作而进行的准备。商务洽谈最圆满的结果是洽谈者双方各取所需,而且在今后的进一步商务交往中,打下良好的合作基础。因此高超的洽谈者在洽谈会的整个进程中,礼敬于人,时时、处处、事事表现出对对方的敬意,从而取得满意的洽谈结果。

*着装礼仪* 代表本公司与客户进行商务洽谈,在仪表上务必要有严格的要求和统一的规定。男士一律应当理短发、剃须,不准蓬头乱发,不准留

胡子或留大鬓角。男士着西装,以黑色为佳,深蓝色和铁灰色也是不错的选择,配上白衬衫。而且场合越正规,衬衫的条纹越细。领带以素色或条纹式领带为好。女士应选择简洁、素雅的发型,化淡雅自然的工作妆,着深色西装套裙和白衬衫,配肉色长统或连裤式丝袜和黑色高跟或半高跟皮鞋。同时,皮包、手表、笔记本之类等细节也不要忽视。总之,洽谈人员仪表应该是庄重大方,追求整体和谐。如果在谈判桌上,穿着太随意,留给他人的第一印象就是不尊重自己、不尊重别人、不重视洽谈,很难设想能取得良好的谈判效果。

**迎见礼仪** 作为东道主,应在规定时间之前到达洽谈地点,迎接对方。迎见地点可选在大楼门口,也可在洽谈厅门口。见面后,主人应与洽谈对方一一握手,请客人入座后才入座,也可同时入座。宾主双方入座后,非谈判人员退出洽谈厅,不准随意出入,以免影响洽谈进行。

**举止礼仪** 洽谈双方接触的第一印象十分重要。言谈举止要尽可能创造出友好、轻松的良好谈判气氛。做自我介绍时要自然大方,不可露傲慢之意。被介绍到的人应起立一下微笑示意,可以礼貌地说声"幸会"、"请多指教"之类。互递名片时,要双手接递。介绍完毕,可选择双方共同感兴趣的话题进行交谈。稍作寒暄,以沟通感情,创造温和气氛。

谈判之初的动作、表情也对把握谈判气氛起着重要作用。谈判双方目光注视对方时,目光应停留于对方双眼至前额的三角区域正方,这样使对方感到被关注,觉得你诚恳严肃。当然,洽谈人员也不总是正襟危坐,可以做些必要的手势以助思想和观点的表达。如手势自然,手心冲上比冲下好,不宜乱打手势,以免造成轻浮之感。切忌双臂在胸前交叉,那样显得十分傲慢无礼。谈判之初的重要任务是进一步了解对方的信息,因此要认真听对方谈话,细心观察对方举止表情,并及时给予回应以表现出尊重与礼貌。如对方双手放在桌上,挺腰近台面坐,表示洽谈态度积极;或双手前合,目光友善面带微笑,是谦恭诚意的表现;如果对方用手摆弄着笔、本子或其他小东西,表明对谈话不感兴趣等。

**谈吐礼仪** 商务洽谈离不开"谈"。如果谈吐礼仪富有人情味,更易使对方接受。谈判的主要任务包括查询、磋商、解决矛盾、处理冷场等。事先要准备好有关问题,选择气氛和谐时提出,态度要开诚布公,要注意保持风度,应心平气和,求大同,存小异。发言措辞应文明礼貌。谈判过程中出现矛盾是在所难免的。在解决矛盾的过程中,对方回答问题时不宜随意打断,答完时要向解答者表示谢意,同时要就事论事,保持耐心、冷静,不可因发生矛盾就怒气冲冲,甚至进行人身攻击或侮辱对方。一旦出现冷场,就要灵活处理,可以暂时转移话题,稍作松弛,不要让冷场持续过长。

**签约仪式** 谈判成功后要举行签约仪式,它是谈判的最后一道程序。在签约仪式上,双方参加谈判的全体人员都要出席,共同进入会场,相互致意握手,一起入座。双方都应设有助签人员,分立在各自一方代表签约人外侧,其余人排列站立在各自一方代表身后。签字完毕后,双方应同时起立,交换文本,并相互握手,祝贺合作成功。其他随行人员则应该以热烈的掌声表示喜悦和祝贺。

## 二 新闻发布会礼仪

*每一份私下的劳动,都会有倍增的回收,并在公众场合被表扬出来。*

*——陈安之*

新闻发布会,有时也称记者招待会,它是一种主动传播各类有关信息,谋求新闻媒体对某一社会组织或某一事件进行客观而公正的报道的有效沟通方式。对于商界而言,新闻发布会既是与新闻媒体沟通的最佳形式,又是通过媒体传播的有效途径与公众沟通的一种最重要的手段。新闻发布会的礼仪就是指商界在举行新闻发布会的礼仪规范,一般包括会议的筹备、新闻界的邀请、发布会现场应酬及发布会的演说礼仪等方面的工作。

### 1. 新闻发布会的筹备

**确定主题** 新闻发布会的主题是指其中心议题。主题是否明确,直接关系到本单位的预期公关目的能否实现。主题可分为说明性主题和解释性主题。如新产品上市、开始聘用某大腕明星作公司形象代言人、公司重大战略调整以及公司取得重大销售业绩等等,属说明性主题,新闻发布会的目的主要是对外宣布决定。而如果企业出现重大事故或公司及产品已成为某一公众关注问题的一部分,迫切需要与社会公众沟通,对所发生的事件进行客观准确的解释。此时,新闻发布会的主题以解释为主。

**确定日期** 确定在哪一周的哪一天、哪一天的哪一时刻很重要。有经验的组织者从锁定目标公众开始，即首先考察一下目标公众哪一时间是最容易获知某新闻消息的时间、什么方法最好。一般认为周二至周四较合适。因为星期一记者往往忙于检查上周工作，而周五，很多的人正考虑着如何过周末。但时效性极强的新闻事件，应马上召开新闻发布会。此外，要确认不会有其他更重要的新闻，避开突发性事件。同时，确定在某一天的几点钟开始召开会议也有讲究。如果请早报记者参加，新闻发布会应在中午、下午，而如要在当天晚饭时段或电视晚间新闻报道中播出，最好安排在上午 9:30 或 10:00－10:30。切忌只为公司自己考虑而忽略为记者提供方便。

**地点的选择及会议厅的布置**　发布会的地点一般选择本单位所在地、事件发生地或当地上档次的宾馆、会议厅等，要考虑交通是否方便，采访条件是否优越，多媒体设备是否完好等。

新闻发布会所用的房间大小主要取决于与会的摄影记者。电视摄影记者比报刊摄影记者所占的空间要大。如果电视摄像机在房间后排，那么公司发言人应在房间前排就座。如果只有报刊记者与会，发言人就可以坐在记者中，当有人提问时就走到前排。越随便，离记者的空间距离越近，就越容易营造出一种友好气氛。房间大小要多加留心，房子空间大、人员少，给人的印象是新闻发布会的内容新闻价值不大。有经验的组织者往往会把新闻发布会放置在大小适宜的空间，最好是满屋座无虚席，还有一些人站在过道里，给人的印象是肯定有很重要的消息。

**邀请记者**　邀请哪些记者参加，应根据发布会的性质而定。千万不要电话邀请，应将带有公司标志的请柬寄送新闻单位或记者手中，并及时电话联系，询问信件是否如期送达，对方是否与会等。如果媒体离公司不远，应亲手送达。注意不要送得太早，以至于邀请信埋没于文件堆里，但也应给对方留出反应的时间。

**选择合适的新闻主持人和发言人**　新闻发布会也是公司要员同媒介打交道的一次好机会，值得珍惜。因此代表公司形象的新闻主持人和发言人对公众认知会产生重大影响。新闻发布会的主持人一般由主办单位的办公室主任或公关部长担任。主持人要求仪表堂堂、语言流畅，随机应变能力强，善于把握全局，并有丰富的主持会议经验。新闻发布会的发言人应该在公司身居要职，有权代表公司讲话。并且学识渊博、思维敏捷、能言善辩等。按惯例主持人和发言人要进行仪容、服饰和举止等方面的修饰，男士宜穿深色西装，白色衬衫，黑袜黑鞋，系上合适的领带，女士宜穿单色套裙，高跟鞋。举止自然大方，面带微笑，彬彬有礼。

**准备材料** 主要包括发言人的发言稿、回答提纲及新闻通稿与背景材料。发言稿要求既要紧扣主旨，又要全面准确生动。回答提纲是指事先预测记者要问的问题而准备的答案，以便发言人心中有数，表现自如。每次发布会都应提供新闻通稿和背景介绍，记者一来签到时就能拿到它，专业记者已习惯于边搜索信息边听讲。因此新闻材料要设计得便于快速阅读，勿要冗长拖沓。有的公司还提供声像资料给记者。完整的背景材料一般应包括以下内容：新闻发布会涉及的新闻要点、组织发展简史、发言人个人介绍及照片等，如果发布会的目的在于推介一种新产品或新机器，那么还要发放技术手册等。

**2. 新闻发布会的程序礼仪要求**

**签到** 新闻发布会入口处设立签到处，安排专人负责签到，分发资料、引入会场等接待工作。一般安排礼仪小姐负责迎送接待工作。

**宣布新闻发布会开始** 主持人宣布开始，并将召开新闻发布会的目的、要发布的信息或真相作简单介绍。

**领导人发言** 领导人发言应重点突出，具体而恰到好处，语言准确、简洁，语调清晰自然。

**答记者问** 在回答记者提问时，应准确自如，不能随便打断记者提问。对于不便回答的问题，应温文尔雅、婉转地向记者作出解释，如果遇到不友好的提问，应从容应对，礼貌地阐明自己的看法。不能激动或发怒，以免引起负面新闻。

**3. 会议结束**

新闻发布会结束时，主办人员要向参加者礼貌道别，感谢他们的支持。会议结束后，主办单位及时收集与会新闻界人士为此次新闻发布会发表的新闻稿。整理保存会议资料，包括会议本身的图文资料、录音录像、新闻媒介有关会议报道的资料等，并把它们区分为有利报道、中性报道和不利报道三类。如果是不利报道，主办单位要采取适当方式予以解释、说明，尽量为本单位挽回声誉，树立良好的组织形象。

## 三 展览会礼仪

**我的产品百分之八十是宣传卖掉的,余下的百分之二十存在库房。**

——佚名

展览会是指有关方面为了介绍本单位的业绩,展示本单位的成果,推销本单位的产品、技术或专利,而集中陈列实物、模型、文字、图表、影像资料供人参观了解的一种宣传性聚会。它是提高公司的知名度,吸引客户,洽谈合作,在客户心目中树立自己良好的品牌形象的极好工具。展览会礼仪就是指商界单位在组织或参加展览会时所应当遵循的规范与惯例。

展览会早已不是简单的产品或技术的展示,而是要通过创意增强说服力和感染力,吸引更多人的眼球,如美国"TRAE"公司在国际制冷展上,之所以取得极大成功,源于其"TRAE"独特的展示设计:在亮丽的背景幕布上,悬挂着一张巨幅风景画,象征着"TRAE"公司为改善人们的生存环境而奋斗的目标。在展台上,两位美丽动人的小姐带着微笑和来宾合影,一位专业摄影师用一次成像的相机把这一幕变成永恒。短短几天,大约4000人得到了自己与"TRAE"小姐合影的照片。因此良好的展览礼仪可与企业或产品风格、特点巧妙融合,相得益彰,使公司在展览会上活起来,跨出展台,走向更广阔的世界。

展览会礼仪主要包含展览会的筹备、策划及参展礼仪等三方面内容。

**1. 展览会的筹备**

**确定展览会的种类和主题** 如宣传型展览以宣传企业实力、理念及改革开放所取得的成就为主,以树立企业知名度和美誉度为目的;销售型展览以展示产品、技术和专利为主,其目的是吸引顾客注意力,提高销售量。产品种类单一的展览,如汽车、化妆品、房产展览,其参展单位大都是同一行业的竞争对手,此类展览不啻是对参展单位的一场市场考试;而综合型的展览,即展示多种门类的产品、技术或专利的大型展览会,主要展示参展单位的综合实力。因此,只有确定了展览会的种类和主题,才能明确展览会的对象、展览会的规模、展览会的形式等问题,并以此进行展览会的策划和实施。

**确定展览会的规模** 大型展览会一般由社会上的专门机构承办,其参展单位多、项目广、规模大,因其档次高、影响大,参展单位一定要经过申报、审核和批准等一系列程序,并且要付一定的费用。大型展览会因其区域不同又可分为国际性展览会、洲际性展览会、全国性展览会、全省性展览会及本地性展览会等。小型展览会一般由某一单位举办,主要展示本单位最新产品或取得的最新成就,规模比较小。

*确定展览会的时间* 展览会的时间长短分为长期展览会、定期展览会和临时展览会。长期展览会常年举行,其展览场地固定,展品变动不大。定期展览会一般固定为每隔一段时间后,在某一个特定时间之内举行。展览主题不变,但展览场所、展品内容可有所变动,如杭州每年定期举行春季房交会和秋季房交会,以促进房产稳步健康的发展。临时展览会则随时根据需要与可能举办,展期一般较短。

*确定展览会的地点* 展览会的地点应根据展览会的目的、对象以及效果等多种因素综合考虑,可在室内举行也可在露天举行。室内展览会大都设计考究、布置精美、陈列有序,并且不受天气和时间的制约,显得隆重热烈。但费用相对较高,宜展览制作精美、价值昂贵、忌日晒雨淋的物品。而展示大型展品或需要以自然为背景的展品,如花卉、农产品或大型设备,宜露天展览。另外,展览会地点的选择还应注意交通、住宿是否方便,辅助设施是否齐全等问题。

**2. 展览会的策划**

展览会既可以由参展单位自行组织,也可以由社会上的专门机构出面张罗。不论组织者由谁来担任,都必须认真策划,力求使展览会取得完美的效果。

*确定参展单位* 可以对参展单位发出正式邀请,也可向社会发布招商广告。邀请函或广告中应明确展览会主旨、展览会时间、地点、展览会费用及报名方式等。

*精心设计展览会活动方案* 通过所掌握的资料进行整个礼仪活动的创意策划。主要包括展览会的会徽、会标及相关的宣传标语;展位、展台布置,以及与之配合的各种声、光、电效果;成立专门的新闻发布组织,与新闻媒介即时沟通,提供富有价值的信息资讯,最大限度地扩大展览会的影响等。

*选择礼仪模特* 根据展览会所要展示的不同风格,选择展览礼仪模特是活泼开朗型、小巧玲珑型还是高贵经典型的。并根据选择的模特进行服

装的设计制作,展览服装要求新奇悦目。对展览礼仪模特一定要进行培训,因为展览模特不仅是外形、气质吸引眼球,更重要的是展览礼仪模特还要具备良好的公关素质,如应变能力、动听的声音、流利的解说能力、服装模特的表现能力和丰富的礼仪常识等。

**3. 参展礼仪**

在正式参加展览会时,必须要求全体参展工作人员齐心协力、同心同德,尤其要特别重视整体形象、待人礼貌、解说技巧等三方面的内容。

**工作人员注重良好的形象** 要求统一着装,最好是身穿本单位的制服,胸前佩戴标明本人单位、姓名和职务的胸卡。如果是大型展览会,安排礼仪小姐接待,则应身穿色彩明丽的单色旗袍,胸披写有参展单位或展品名称的红色绶带。

**待人接物要热情、礼貌** 当参观者进入展区,工作人员应面带微笑,主动向参观者打招呼以示欢迎,对于观众提出的问题,要认真作回答,观众离开时,工作人员应当真诚地向对方施礼道别。对个别不遵守展会规则,乱摸乱动甚至乱拿展品者,应以礼相劝,必要时可请保安协助,但任何情况下不得对观众恶语相加。

**善于运用解说或表演技巧** 高超的解说或表演技巧对展览会的成功有着很大影响。解说时要嗓音清澈,语言流畅,突出公司或产品特色,展览礼仪小姐富有创意的现场示范或现场表演,还能让观众赞叹不已,流连忘返。

## 四 赞助会礼仪

*真者,精诚之至也,不精不诚,不能动人。*

——*庄子*

赞助是指某一单位或某一个人用金钱、实物、技术或其他财富对其他组织或个人进行资助,以帮助其完成某项活动。赞助是社会慈善事业的重要组成部分之一。它不仅可以扶危济贫,向社会奉献自己的爱心,体现出自己对于社会的高度责任感,以自己的实际行动报效社会、报效人民,而且也有助于获得社会对自己的好感,提高自己在社会上的知名度、美誉度,为自己塑造良好的公众形象。对于商界而言,积极地、力所能及地参与赞助活动,本身就是自己进行商务活动的一种常规的形式，而且也是自己协调本单位与政府、社会各界的公共关系的一种重要的手段。

但并不是所有的赞助活动都能得到社会的好感和承认，如果赞助不当，还会引起社会公众对自己的反感，起到适得其反的效果。如武汉某房产公司赞助某一位知名的演员一套豪华别墅，借此来扩大企业的影响力。当地市民对此颇有微词，认为绝大部分知名演员是高收入人群，不值得赞助，不如赞助当地一些贫困小学或福利机构，锦上添花不如雪中送炭。因此，赞助也有道。一般而言，为了扩大影响，商界在公开进行赞助活动时，往往会专门为此而举行一次一定规模的正式会议。这种以赞助为主题的会议，即为赞助会。欲使赞助会取得成功，遵守赞助会礼仪是十分必要的。赞助会礼仪，一般指的是在筹备、召开赞助会的整个过程中所应恪守的有关礼仪规范。其主要内容包括赞助的类型、赞助的步骤、会务的安排、活动的评估等等。

**1. 了解赞助的类型**

赞助的类型，指的是赞助的具体形式。赞助的类型选择得当与否，大都会对赞助的效果产生直接影响。有时人们可以从赞助的类型上判断赞助单位的动机和品位。目前商界通常所积极赞助的项目，从赞助内容上看，大致上有以下几类：公益事业和慈善事业；教育、科研活动；专著出版；医疗卫生；文化活动；体育运动；娱乐休闲。如果从赞助物上来划分，赞助又可分为现金、实物、义卖以及义工等四类。除此之外，还可以根据赞助单位或个人向受赞助者所提供的对方所需金额的多少，将赞助的类型分为全额赞助或部分赞助。或者根据赞助单位或个人的具体数量的多少，将赞助的类型分为单方赞助与多方赞助。

**2. 赞助会的会议组织**

在赞助活动正式实施之际，往往需要正式举行一次聚会，将有关的事宜公告于社会。这种以赞助为主题的赞助会，在赞助活动中，尤其是大型的赞助中，大都必不可少。有时，人们亦称之为赞助仪式。它主要是为了向社会公告赞助活动正式启动，是赞助活动中作用巨大的一个重要环节。

首先是布置赞助会的会场。赞助会的整体风格是庄严而神圣的，因此赞助会的会场不宜布置得过度豪华张扬。举行赞助会的会议厅内，灯光应当亮度适宜，在主席台的正上方，还需悬挂一条大红横幅，在其上面，应以金色或黑色的楷书书写着“某某单位赞助某某项目大会”，或者“某某项目赞助仪式”的字样。前一种写法是突出赞助单位；后一种写法，则主要是为了强调接受赞助的具体项目。

其次，需要搞好会务的安排。参加赞助会的人士，既要有充分的代表性，又不必在数量上过多。除了赞助单位、受赞助单位双方的主要负责人及员工代表之外，赞助会应当重点邀请政府代表、社区代表、群众代表以及新闻界人士参加。在邀请新闻界人士时，特别要注意邀请那些在全国或当地具有较大影响力的电视、报纸、广播等媒体人员与会。赞助会的整体风格是庄严而神圣的，因此所有参与赞助会的各界人士，皆须身着正装，修饰仪表，并且检点个人的举止动作。因此任何与会者都不能与之唱反调。

再次，精心安排会议议程。依照常规，一次赞助会的全部时间，不长于一个小时。因此赞助会的具体会议议程，必须既周密，又紧凑。赞助会的具体会议议程，大致上共有如下六项：第一项，主持人宣布赞助会正式开始。第二项，奏国歌。奏唱国歌后，还可奏或唱公司司歌。第三项，赞助单位正式实施赞助。由赞助单位的代表出场，宣布其赞助的具体方式或具体数额，然后由受赞助单位代表上场，双方热情握手，并由赞助单位代表正式将标有一定金额的巨型支票或实物清单交给受赞助单位的代表，全体热烈鼓掌。第四项，赞助单位代表发言。发言重点阐述赞助的目的和动机，并可对本单位的情况稍作介绍。第五项，受赞助单位代表发言。发言的中心主要是对赞助单位的感谢。第六项，来宾代表发言。可邀请政府有关部门负责人讲话，讲话的主要内容是肯定赞助方的善举，并向全社会倡导团结友爱的美德。

最后，注意会后礼仪。在赞助会正式结束后，赞助单位、受赞助单位双方的主要代表以及会议的主要来宾，通常应当全景留念。此后，宾主双方可稍事晤谈，然后来宾即应一一告辞。在一般情况下，在赞助会结束后，东道主大都不为来宾安排膳食。如确有必要，则至多略备便餐，而绝不宜设宴待客。

**3. 对赞助活动的评估**

对赞助活动所进行的评估，实际上主要是指在对赞助活动进行综合分析和系统总结之后，对其社会效果所进行的科学评价与分析。每次赞助活动，都要投入大量的人力、物力和财力。因此，在赞助活动结束后对其进行一次全面的评估，总结经验、吸取教训、听取意见、调整对策，是十分有益的。进行赞助活动的评估工作，大致上要抓住如下几个方面的重点问题：首先要将实施效果与先期计划相比照。重点研究赞助方是否真正实现了赞助意图，赞助活动是否已达到了预期目标。其次要掌握社会舆论与社会公众对赞助活动的认同程度。可通过各类调查，了解各类公众，包括受赞助单位、地方政府、新闻媒介对此次活动的真实评价与看法，以及赞助对社会产生多大的积极影响。再次评估赞助之后对本单位会有多大的积极作用，或造成多大的负面影响。要及时发现赞助活动的所长与所短。认真总结成功经验或失败教训。要善于巧借公关良机，利用各种传播媒介，在法律、法规允许的前提下，对自己进行适度的宣传，以求扩大本单位的社会影响力，提高自己的知名度与美誉度。

**【案例】** **执拗的参观者**

在全国性的汽车展览会上，作为参展商之一，你热情周到地做好了服务工作。但有一位参观者东摸摸西敲敲，最后坐在样品车里不肯出来，执意要买该车。因为样车只有这一辆，为了完成展会，只能委婉地拒绝他的要求。

**案例分析：**假如你是参展商，该如何处理这件事使双方满意？假如你是观众，又该遵守那些参观者礼仪？

第十二章

# 庄重热烈的商务仪式礼仪

*公关是广结人缘的艺术。*

*——美国谚语*

*善气迎人,亲如兄弟;恶气迎人,害于兵戈。*

*——管仲*

礼仪包括礼节和仪式,可见仪式在礼仪之中的重要位置。商务仪式又称为典礼,仪式礼仪指典礼的正规做法与标准要求,如庆祝或纪念某个重要的日子、重大事件或者举行重大活动,公司常常举行热烈隆重的商务仪式来渲染气氛。一般而言,仪式礼仪必须恪守基本原则,即典礼要适度、隆重而又节俭。一个组织不要轻易办典礼,要办则办得隆重而体面,同时要与本组织的实际情况相符合,精打细算,不可贪大求洋,盲目攀比。

商务人士参加的商务仪式活动,主要有签字仪式、开业仪式、剪彩仪式、庆典仪式等。商务活动中恰到好处地应用仪式,既能表明公司认真严肃的态度,树立良好的公司形象,又能借此宣传公司产品和服务,扩大公司的影响力,提高公司的知名度。

## 一 签约仪式礼仪

*总要留有余地,顾及对方的面子,所谓成功的谈判应该是双方愉快地离开谈判桌。*

*——梅茨*

*减少了对别人的忠诚，就增加了对自己的损失。*

*——佚名*

签约仪式是双方经过会谈协商，达成某项书面协议并签字，再互换正式文本的仪式。它是一件严肃而庄重的大事，礼仪规范较严格，气氛庄重而热烈。

**1. 签约仪式的准备**

在商务交往中，人们在签署合同之前，通常会竭力做好以下几个步骤的准备工作。

*布置签字场所*　签字场地可选择专用的，也可用会议厅、会客室来替代。布置的总原则要求庄重、整洁而安静。

标准的签字厅应铺满地毯。正规的签字桌应为长桌，且应当横放，最好铺设深绿色的台呢。签署双边性的合同放置两张座椅，供签字人就座。签署多边性合同，各方签字人可共享一个座位，也可一人一座位。签字人在就座时，一般应当面对正门。

在签字桌上，循例应事先安放好待签的合同文本以及签字笔、吸墨器等签字时所用的文具。

签署涉外合同时，各方签字人正前方的签字桌上应插放其国旗。

*安排座次*　签字仪式中，各方代表对于礼遇均非常在意，因而商务人员对于在签字仪式上最能体现礼遇高低的座次问题，应当认真对待。

签字时各方代表的座次，是由主方代为先期排定的。合乎礼遇的做法是：在签署双边性合同时，应请客方签字人在签字桌右侧就座，主方签字人则应同时就座于签字桌左侧。

双方各自的助签人，分别站立于各自一方签字人的外侧，以便随时对签字人提供帮助。双方其他的随员，依照职位高低，依次排成一行站立于己方签字人的身后。当一行站不完时，可以按照以上顺序并遵照"前高后低"的惯例，排成两行、三行或四行。原则上，双方随员人数，应大体上相近。

*预备待签文本*　会谈结束后，双方应指定专人负责合同的定稿、翻译、校对、印刷与装订等工作，主方负责待签文本。文本一旦签订即具有法律效力，因此对待文本态度应严肃郑重，而且此文本是正式的、不能更改的。

应为在合同上签字的有关各方提供一份待签文本，如有必要，还应为各方提供一份副本,与外商签订合同,按照惯例,待签文本应同时使用宾主双方的母语。

待签文本以精美的白纸印制而成,并按大八开的规格装订成册。并以仿皮、软木或其他高档质料作为封面。

**2. 签字仪式的程序**

*签字仪式开始* 有关人员在既定的位置上各就各位。按照我国礼仪,双方参加签字的人员进入签字厅,当签字人入座时,其他人员分主方、客方,按身份顺序排列于各方的签字人员座位之后,仪式正式开始。

*签字人签署文本* 签字人采用轮换制正式签署文本,即先签署己方保存的合同文本,再接着签署他方保存的合同文本。

*交换合同文本* 双方签字人交换已正式签署的文本。各方签字人相互握手,全场人员热烈鼓掌。双方还可交换各自方才使用过的签字笔,以示纪念。

*共同举杯庆贺* 交换已签的文本后,有关人员,尤其是签字人当场干一杯香槟酒,这是国际上通用的旨在增添喜庆色彩的做法。然后双方最高职务者及客方先退场,然后东道主再退场。整个签字仪式以半小时为宜。

## 二　开业仪式礼仪

*良好的开端是成功的一半。*

——*谚语*

开业仪式也称作开业典礼,是指在单位创建、开业,项目完工、落成,某一建筑物正式启用,或是某项工程正式开始之际,为了表示庆贺或纪念,而按照一定的程序所隆重举行的专门的仪式。开业仪式主要包括开业仪式的筹备和开业仪式的运作两部分内容。

**1. 开业仪式的筹备**

成功的开业仪式一般时间简短,现场气氛热烈。由于开业仪式牵涉面广,影响巨大,因此筹备工作是否充分,是开业仪式能否成功的关键。

*遵循开业仪式的原则* 筹备开业仪式首先要遵循热烈轰动、丰俭有度和缜密周到的原则。“热烈轰动”指开业仪式要营造出一种欢快、喜庆、隆重

的气氛，引起轰动效应，而不应令其沉闷、乏味。有人说“开业仪式理应删繁就简，但却不可以缺少热烈、隆重。与其平平淡淡、草草了事，走走过场，不如索性略去不搞”。“丰俭有度”反映在经费支出方面要量力而行，节制俭省，该花则花，不该花则绝不浪费。“缜密周到”要求筹备开业仪式时周密细致，认真策划，注重细节，做到百无一失。

**注重媒体公关** 选择有效的大众传播媒介，进行集中性的广告宣传。宣传内容可以是开业仪式举行的日期、地点或开业之际对顾客的优惠等。并邀请有关媒体到现场采访、报道，以提高企业的知名度和美誉度。

**提前约请来宾** 开业仪式影响的大小，实际上往往取决于来宾身份的高低与其数量的多少。尽可能多邀请地方领导、上级主管部门与地方职能管理部门的领导、合作单位与同行单位的领导、社会团体的负责人、社会贤达和媒体人员。为慎重起见，用以邀请来宾的请柬应认真书写，并应装入精美的信封，由专人提前送达对方手中，以便对方早作安排。

**精心布置场地** 开业仪式多在开业现场举行，其场地可以是正门之外的广场，也可以是正门之内的大厅。按惯例，举行开业仪式时宾主一律站立，一般不布置主席台或座椅。为显示隆重，贵宾站立之处铺设红色地毯，并在场地四周悬挂横幅、标语、气球、彩带、宫灯等装饰物。

来宾赠送的花篮、牌匾等应当摆放在醒目之处。来宾的签到簿、本单位的宣传材料、待客的饮料等等，亦须提前备好。对于音响、照明设备，以及开业仪式举行之时所需使用的用具、设备，必须事先认真进行检查、调试，以防其在使用时出现差错。

**做好接待工作** 在举行开业仪式的现场，一定要有专人负责来宾的接待服务工作。开业单位的全体员工在来宾的面前，人人都要以主人翁的身份热情待客，有求必应，主动相助。同时要明确分工，各尽其职。主要负责人接待贵宾时，礼仪人员接待一般来宾。要为来宾准备好专用的停车场、休息室，并应为其安排一些饮料和点心等。

**选择馈赠礼品** 根据常规，向来宾赠送的礼品，应具有宣传性。礼品可选用本单位的产品，也可在礼品以及外包装上印上本单位的企业标志、广告用语、产品图案、开业日期等等。也可选择具有一定的纪念意义或独特的礼品。好礼品与众不同，又具有本单位的鲜明特色，使人爱不释手，令人难忘。

**拟定工作程序** 开业仪式一般由开场、过程、结局三大基本程序所构成。

开场包括奏乐、邀请来宾就位、宣布仪式正式开始和介绍主要来宾等。

过程，是开业仪式的核心内容，它通常包括本单位负责人讲话，来宾代表致词，启动某项开业标志，等等。

结局，包括开业仪式结束后的现场参观、联欢、座谈等等。它是开业仪式必不可少的尾声。所谓结局好一切都好。

为使开业仪式顺利进行，在筹备之时，必须要认真草拟程序，并选定好称职的仪式主持人。

**2. 开业仪式的运作**

开业仪式其实是一个统称。在不同的适用场合，它往往会采用不同的名称。例如，开幕仪式、开工仪式、奠基仪式、竣工仪式、通车仪式等等。其共性是都要以热烈而隆重的仪式庆贺。在具体运作上存在着不少的差异，这里主要介绍常用的开业仪式。

**开幕仪式**　开幕仪式是商务人士平日接触最多的一种仪式。在不少人的眼里，开业仪式就是开幕仪式。其实开幕仪式仅仅是开业仪式的具体形式之一。公司、企业、宾馆、商店、银行等正式营业前，有关商品的展示会、博览会、订货会正式接待顾客前，皆要正式举行相关仪式，称之为开幕式。

开幕仪式的地点一般选择在门前广场、展厅门前、室内大厅等较为宽敞的活动空间。其程序主要有以下几项。第一项，宣布仪式开始，全体肃立，介绍来宾；第二项，邀请专人揭幕或剪彩；第三项，在主人的亲自引导下，全体到场者依次进入幕门；第四项，主人致词答谢；第五项，来宾代表发言祝贺；第六项，主人陪同来宾进行参观。开始正式接待顾客或观众，正式对外营业或展览。

**开工仪式**　开工仪式指工厂准备正式开始生产产品前所专门举行的庆祝性、纪念性活动。开工仪式大都讲究在生产现场举行。

除司仪人员按惯例应着礼仪性服装之外，东道主一方的全体职工均应穿着干净而整洁的工作服出席仪式。

开工仪式的常规程序主要有五项。第一项，宣布仪式开始，全体起立，介绍各位来宾，奏乐；第二项，在司仪的引导下，本单位的主要负责人陪同来宾行至开工现场肃立；第三项，正式开工，届时应请本单位职工代表或来宾代表来到机器开关或电闸旁，首先对其躬身施礼，然后再动手启动机器或合上电闸，全体人员此刻应鼓掌志贺，并奏乐；第四项，全体职工各就各位，上岗进行操作；第五项，在主人的带领下，全体来宾参观生产现场。

**奠基仪式**　奠基仪式是指楼阁、园林、纪念碑、大厦、场馆等重要的建筑物在动工修建之初，所正式举行的庆贺性活动。

奠基仪式现场的选择与布置非常讲究。奠基仪式举行的地点，一般应选择在动工修筑建筑物的施工现场。奠基的具体地点应选择在建筑物正门的右侧。用以奠基的奠基石应为一块完整无损、外观精美的长方形石料。在奠基石上的文字应当竖写。在其右上款，应刻上建筑物的正式名称。在其正中央，刻有“奠基”两个大字。在其左下款应刻上奠基单位的全称以及奠基仪式的具体年月日。奠基石上的字体，以楷体字为宜，并且最好是白底金字或黑字。

在奠基石的下方或一侧，摆放一只密闭完好的铁盒，内装与该建筑物有关的各项资料以及奠基人的姓名。届时，它将同奠基石一道被奠基人等培土掩埋于地下，以志纪念。

奠基仪式共分五项内容。第一项，仪式正式开始，介绍来宾；第二项，全体起立，奏国歌；第三项，主人对该建筑物的功能以及规划设计进行简介；第四项，来宾致词道喜；第五项，正式进行奠基。此时，锣鼓喧天或演奏喜庆乐曲。首先由奠基人双手持握系有红绸的新锹为奠基石培土。随后，再由主人与其他嘉宾依次为之培土，直至将其埋没为止。

**竣工仪式**　又称落成仪式，指本单位所属的某一建筑物或某项设施建设、安装工作完成之后，或者是某一纪念性、标志性建筑物建成之后，以及某种意义特别重大的产品生产成功之后，所专门举行的庆贺性活动。

竣工仪式包括七项基本程序。第一项，宣布仪式开始，介绍来宾；第二项，全体起立，奏国歌，并演奏本单位标志性歌曲；第三项，本单位负责人发言，以介绍、回顾、感谢为主要内容；第四项，进行揭幕或剪彩；第五项，全体人员向竣工仪式的“主角”——刚刚竣工或落成的建筑物，郑重其事地恭行注目礼；第六项，来宾致词；第七项，进行参观。

竣工仪式举行时，全体出席者的情绪应与仪式的具体内容相适应。如庆贺大厦落成或新产品生产成功时，神情应欢快喜悦。而在庆祝纪念碑、纪念塔、纪念堂、纪念像、纪念雕塑建成时，则应表现得庄严肃穆。

## 三 剪彩仪式礼仪

**最高级的社会外交是：神采奕奕，满面笑容。**

——萨克莱

剪彩仪式是指为了庆贺公司的设立、企业的开工、宾馆的落成、商店的开张、银行的开业、大型建筑物的启用、道路或航线的开通、展销会或展览会的开幕等等，而隆重举行的一项礼仪性程序。因其主要活动内容，是约请专人使用剪刀剪断被称之为“彩”的红色缎带，故被人们称为剪彩。在各式各样的开业仪式中，剪彩都是一项极其重要的、不可或缺的程序。尽管它往往也可以被单独地分离出来，独立成项，但是在更多的时候，它是附属于开业仪式的。这是剪彩仪式的重要特征之一。

剪彩活动气氛热闹、轰动，既能给主人带来喜悦，又能令人产生吉祥如意之感。同时借剪彩良机，向社会各界通报自己的“问世”，以吸引各界人士对本组织的关注。剪彩的礼仪主要包括剪彩的准备、剪彩的人员、剪彩的程序三个方面的内容。

**1. 剪彩的准备**

剪彩仪式前需要做大量的准备工作，包括布置场地、准备灯光与音响、邀请媒体等。

除此之外，还须对剪彩仪式上所需使用的特殊用具，诸如红色缎带、新剪刀、白色薄纱手套、托盘以及红色地毯等，仔细地进行选择与准备。

**红色缎带** 即剪彩仪式之中的“彩”。按照传统做法，它应当由一整匹未曾使用过的红色绸缎，在中间结成数朵花团而成。目前，有些单位为了厉行节约，而代之以长约两米的红色缎带、红布条或红纸条作为其变通。一般来说，红色缎带上所结的花团，不仅要生动、硕大、醒目，而且其具体数目往往还同现场剪彩者的人数直接相关，红色缎带上所结的花团的具体数目有两类模式可依。其一，是花团的数目较现场剪彩者的人数多一个。其二，是花团的数目较现场剪彩者的人数少一个。前者可使每位剪彩者总是处于两朵花团之间，尤显正式。后者则不同常规，亦有新意。

**新剪刀** 是专供剪彩者在剪彩仪式上正式剪彩时所使用的。它必须是每位现场剪彩者人手一把，而且必须崭新、锋利而顺手。务必要确保剪彩者在以之正式剪彩时，可以“手起刀落”，一举成功。在剪彩仪式结束后，主办方可将每位剪彩者所使用过的剪刀经过包装之后，送给对方以资纪念。

**托盘** 在剪彩仪式上是托在礼仪小姐手中，用作盛放红色缎带、剪刀、白色薄纱手套的。在剪彩仪式上所使用的托盘，最好是崭新、洁净的。它通常首选银色的不锈钢制品。为了显示正规，可在使用时上铺红色绒布或绸布。

**红色地毯** 主要用于铺设在剪彩者正式剪彩时的站立之处。其长度可视剪彩者人数的多寡而定，其宽度则不应在一米以下。在剪彩现场铺设红色地毯，主要是为了提升其档次，并营造一种喜庆的气氛。很多时候也可不铺设地毯。

**白色薄纱手套** 是专为剪彩者所准备的。在正式的剪彩仪式上，剪彩者剪彩时最好每人戴上一副白色薄纱手套，以示郑重其事。在准备白色薄纱手套时，除了要确保其数量充足之外，还须使之大小适度、崭新平整、洁白无瑕。但一般情况，也可省略。

**2. 剪彩者的选定和礼仪要求**

在剪彩仪式上，剪彩者是主角，其言行举止直接关系到剪彩仪式的效果和组织形象。因此，对剪彩者必须进行认真选择，并于事先进行必要的培训。

**选定剪彩者** 在剪彩仪式上担任剪彩者，是一种很高的荣誉。剪彩仪式档次的高低，往往也同剪彩者的身份密切相关。因此，在选定剪彩的人员时，最重要的是要把剪彩者选好。剪彩者，即在剪彩仪式上持剪刀剪彩之人。根据惯例，剪彩者可以是一个人，也可以是几个人，但是一般不应多于五人。通常，剪彩者多由上级领导、合作伙伴、社会名流、员工代表或客户代表所担任。确定剪彩者名单，必须是在剪彩仪式正式举行之前。名单一经确定，即应尽早告知对方，使其有所准备。需要由多人同时担任剪彩者时，应分别告知其剪彩同伴。

**剪彩者礼仪** 剪彩者穿着要整洁、庄重，男士一般着西装，或中山装，女士穿西装套裙，精神饱满，给人以稳健、干练的印象。剪彩者走向剪彩的绸带时，应面带微笑，落落大方。当工作人员用托盘呈上剪彩用的剪刀时，剪彩者应向工作人员点头致意，并向左右两边手持彩带的工作人员微笑致意，然后全神贯注,把彩带一刀剪断。剪彩完毕,放下剪刀,应转身向四周的人鼓掌致意。

**3. 剪彩的程序**

*来宾就座* 若剪彩者仅为一人,则其剪彩时居中而立即可。若剪彩者不止一人时,则其同时上场剪彩时位次的尊卑就必须予以重视。一般的规矩是:中间高于两侧,右侧高于左侧,距离中间站立者愈远位次便愈低,即主剪者应居于中央的位置。

*宣布开始* 主持人宣布剪彩仪式开始,全场起立,奏乐,主持人介绍到场重要嘉宾,并表示谢意。

*致辞* 致辞者依次为东道主单位的代表,上级主管部门的代表,合作单位代表等。致辞内容要言简意赅,并富有鼓动性等。

*剪彩* 主持人宣布剪彩,礼仪小姐上台,有的拉直红缎带,有的举好托盘。尔后剪彩者上台剪彩,全体人员热烈鼓掌,有的奏乐或燃放鞭炮。剪彩后主人应陪同来宾参观,还可向来宾赠送纪念性礼品,或设宴款待来宾。

## 四 庆典仪式礼仪

*与人共其乐者,人必忧其忧;与人共其安者,人必拯其安。*

——*《旧唐书》*

庆典就是庆祝活动的一种形式。对商界人士来讲,当企业准备正式营业、企业取得某项巨大成功、企业成立周年等到来时,就会借助庆典这一活动,帮助企业扩大宣传,吸引社会各界的重视与关心,提高企业知名度和美誉度。而庆典要取得成功,就必须注意组织庆典的各项礼仪。

组织筹备一次庆典,如同进行生产和销售一样,先要对它做出一个总体的计划。

**1. 庆典的准备礼仪**

*成立筹备组* 庆典一经决定举行,马上成立对此全权负责的筹备组。成员通常应当由各方面的有关人士组成,他们应当是能办事、会办事、办实事的人。也可根据具体需要,设若干专项小组,在公关、礼宾、财务、会务等各方面各司其职。其中负责礼宾工作的接待小组,大都不可缺少。庆典的

接待小组，原则上应由年轻、精干、身材与形象较好、口头表达能力和应变能力较强的男女青年组成。

**确定庆典的形式** 庆典的形式多种多样，可以根据庆典的缘由、目的，选用正规的大会、宴会、招待会、舞会等形式。宴会形式要体现出庆典的特色。

**安排庆典的具体内容** 策划内容要周密细致，以庆祝为中心，把每一项具体活动都尽可能组织得热烈、欢快而隆重，营造一种喜庆而令人激动的气氛，最终给全体出席者带来欢快、愉悦的感受。

**有力的舆论宣传** 选择有效的传播媒介进行广泛的宣传。广告内容包括庆典举行的时间、地点，庆典的形式、内容，本企业的其他相关信息。宴请有关媒体到现场采访、报道，以加强宣传的力度。

**出席者的确定** 精心确定好庆典的出席人员名单。庆典来宾数量越多现场越热闹，但每一次庆典有一定的经费限制，有庆典的具体目标。因此，应当以庆典的宗旨为指导思想，对出席者进行选择。一般来说，庆典的出席者通常应包括如下人士：上级领导；社会名流；大众传媒；合作伙伴；社区关系；单位员工。人员的具体名单一旦确定，就应尽早发出邀请或通知。鉴于庆典的出席人员甚多，牵涉面极广，故不到万不得已，均不许将庆典取消、改期或延期。

**环境的布置** 举行庆祝仪式的现场，是庆典活动的中心地点。对它的安排、布置是否恰如其分，往往会直接关系到庆典留给全体出席者的印象的好坏。依据仪式礼仪的有关规范，商务人员在布置举行庆典的现场时，需要通盘思考的主要问题有：

地点的选择。在选择具体地点时，应结合庆典的规模、影响力以及本单位的实际情况来决定。本单位的礼堂、会议厅，本单位内部或门前的广场，以及外借的大厅等均可选择。现场的大小应与出席者人数的多少相适应，可稍稍宽敞一些。

场地的布置。为了烘托出热烈、隆重、喜庆的气氛，可在现场张灯结彩，悬挂彩灯、彩带，张贴一些宣传横幅、标语。在贵宾站立之处铺设红地毯并在醒目之处摆放来宾赠送的花篮、牌匾。还应提前准备好来宾的签到簿、本企业的宣传材料、待客的物品。

音响的准备。务必要把音响准备好，尤其是讲话时使用的麦克风和传声设备，在庆典举行前后，适当播放一些喜庆、欢快的乐曲。

**2. 来宾的接待**

精心安排好来宾的接待工作。与一般商务交往中来宾的接待相比，庆典仪式的来宾接待，更应突出礼仪性的特点。不但应当热心细致地照顾好全体来宾，而且还应当通过主方的接待工作，使来宾感受到主人真挚的尊重与敬意，并且使每位来宾都能心情舒畅，宾至如归。

接待具体工作有以下几项：

**来宾的迎送** 即在举行庆祝仪式的现场迎接或送别来宾。

**来宾的引导** 即由专人负责为来宾带路，将其送到既定的地点。

**来宾的陪同** 对于某些年事已高或非常重要的来宾，应安排专人陪同始终，以便关心与照顾。

**来宾的招待** 即指派专人为来宾送饮料、上点心以及提供其他方面的关照。

**3. 拟定庆典的程序**

一次庆典举行的成功与否，与其具体的程序有密切的关系。因此，商务人员应当精心拟定庆典的具体程序。拟定庆典的程序时，有两条原则必须坚持：第一，时间宜短不宜长。大体上讲，它应以一个小时为其极限。这既为了确保其效果良好，也是为了尊重全体出席者，尤其是为了尊重来宾。第二，程序宜少不宜多。程序过多，不仅会加长时间，而且还会分散出席者的注意力，并给人以庆典内容过于凌乱之感。

一次庆典大致上包括下述几项程序：

**开场** 宣布庆典正式开始，奏乐，介绍主要来宾。

**过程** 本单位主要负责人致辞。邀请嘉宾讲话，不过应当提前约定好。启动各项活动等。

**结束** 在恰当的时间结束。

【思考与训练】

1. 签约时应如何排列座次？

2. 常见的开业仪式有哪些具体表现形式？

3. 剪彩仪式上必备哪些物品？

# 第十三章

# 畅通无阻的商务通讯礼仪

*一年之中，大概只有40次必须亲自去拜访客户，而我借助电话这种方式卖出了价值10亿美元的人寿保险。*

——甘道夫

*我看见她躺在床上打电话，我自己就会在心里产生一种不被尊敬的感觉。*

——大风

21世纪是信息时代。信息就是资源，信息就是财富。谁拥有先进的信息资讯，谁就能在职场上抢占先机。当前商界人士信息的获取、传递，很大程度上依赖通讯工具，主要有电话、手机、电报、电传、传真、电子邮件等通讯设备。通讯礼仪，即指在利用上述各种通讯手段时，所应遵守的礼仪规范。以下将着重介绍一下当今应用最多、最广的电话、手机以及电子邮件的基本礼仪。

## 一　塑造良好的电话形象——电话礼仪

*你所接听或拨出的每次电话，对方都是你生命中的贵人，或者你将成为他生命中的贵人。*

——刘景澜

*我的电话为什么会打得好，不是别的，而是因为我相信自己本来就可以打得好。*

——诺曼·皮尔

电话是一种不见面的沟通。看似只闻其声不见其人，其实你的声音、态度和语气等通过电话线已源源不断地传达给对方，给人留下完整深刻的印象，令人有如见其人的感觉。特别在商务交往中，电话不仅仅能够真实地体现个人的文化素质，而且反映了通话者所在单位的企业文化。因此看似平平常常的接打电话，实际上是在为通话者个人和所在的单位描绘了一幅给人以深刻印象的电话形象。因此，不论是打电话还是接电话，都必须以礼待人，克己敬人。

**1."听"得出来的表情——打电话的礼仪**

商务人士每天要打大量的电话。看起来打电话很容易，其实大有讲究，这也是一门学问或艺术。要打好电话，必须从使用电话时的语言、内容、表情、声调、举止行为和时间感等方面入手。

**打电话的问候礼仪** 电话的开头语关系到自己和公司的形象。当我们打电话给某单位，如果听到对方亲切友好的问候声，心里感觉一定很愉悦，立刻对对方单位有了好印象，交谈也就能顺利展开。因此电话交谈，第一声给人的感觉非常重要。

问候时要注意脸上表情。不要觉得对方看不到你就可以忽视你的表情，其实声音来自脸上的表情。打电话时心情好，表情佳，发出的声音就会清晰、悦耳，这样即使对方看不见你，但是从欢快的语调中也会被你感染，给对方留下极佳的印象。因此即使在电话中，也要抱着"对方看着我"的心态去应对。慵懒或者有气无力的问候，会令对方不快，从而影响整个电话交流的效果。

问候语可因时、因人而异。除了普遍的"你好"之外，还可以适当用其他问候语。早上10点以前，可以问声早安，10点到12点问声上午好，12点到14点问声中午好，14点到18点问声下午好，晚上18点到21点问声晚上好。问候无常规，只要发自内心的问候，都会让对方感到亲切和可信赖。

问候要先通报自己的姓名。在商务交往中，说完"你好"之后应该马上通报自己的姓名。如果马上接着说正事，对方会一时反应不过来，还可能会给对方造成困惑。在正式的商务交往中，要求礼貌用语与双方的单位、职衔、姓名一同道来。其标准模式是：您好，我是格雷丝公司的营销总监林什，我要找红枫公司经理李杰先生。在普通的人际交往场合，在使用礼貌性问候以后，准确地报出对方的姓名即可，如：您好，我是王兰，我找林风。

对总机话务员以礼相待。当电话需要通过总机接转时，要对总机话务员问好和道谢，从而使他们感到受尊重。

**控制好打电话的通话过程** 通话前要事先作准备。电话被称为"无形造访的不速之客"，在很多情况下，它都有可能打搅别人的正常工作或生活。因此为了节省通话时间并获得良好的沟通效果，打电话之前和之中都需要认真斟酌通话的内容，事先准备。打电话前，要确定对方电话姓名、头衔，理清谈话要点，同时备妥相关资料、记事本等。

通话内容要简明扼要。要注意通话的效率，应尽快地用三言两语把要说的事情说完，不要浪费别人的时间。通话时，最忌吞吞吐吐，含糊不清，东拉西扯，无话找话或短话长说。

电话语言要文明。在通话过程中，自始至终都应做到待人以礼和文明大度，尊重对方，语言礼貌而谦恭，绝对不能用粗陋庸俗的语言攻击对方，损害公司的形象。如果拨错电话号码，应对接听者表示歉意。如果要找的人不在，需要接听电话的人代找或代为转告或留言时，态度更要礼貌有加。

举止要文明。电话也会传达你的身体语言。站着与坐着的声音是不一样的，如果你懒洋洋地趴在桌子上接电话，自然就无法正常呼吸，而你的声音听起来就显得了无生趣、无精打采。如果你坐直身体，声音立刻会变得充满活力、精神振奋。因此打电话要端正姿势，不要把话筒夹在脖子下，更不能趴着、仰着或把双腿高架在桌子上打电话。注意拨打电话时，要庄重地用手指拨打电话，不能用笔代手去拨号。打电话时最好双手持握话筒，讲话时话筒和嘴的最佳距离应保持 3 厘米左右，这样就不会使对方接听电话时因话音过高或过低而感到难受。

要注意双向交流。通话过程中，如果双方需要沟通协调时一定要静心来听对方陈述，再用沟通达成协议，并把双方协调后的结论再重复一次，请对方确认。

**如何结束通话的礼仪** 打电话要适可而止，要传达的信息已经说完，就应当果断地终止通话。在一般情况下，要结束电话交谈时，应当由打电话的一方提出，然后彼此客气地道别，可说"谢谢你了"、"麻烦你了"、"打扰了"或"常常保持联络"等，再挂电话，不可只管自己讲完就挂断电话。挂电话时应轻放话筒，更不能骂骂咧咧或采用粗暴的举动拿电话机撒气，让人觉得缺少素养。

**打电话禁忌** 勿煲“电话粥”。商务场合时间就是金钱,商界人士惜时如金。电话该打则打,如祝贺问候、联系约会、表示感谢等,不该打就不宜打,人家没有义务听你絮絮叨叨地说些鸡零狗碎的事情。因此那些毫无意义、毫无实质内容的没话找话的聊天式的电话,最好不要打。即使非常地想打电话聊聊天,也要两厢情愿,要先征得对方首肯,并选择适当的时间。一厢情意地与人“煲电话粥”,是缺乏涵养的表现。

随时打电话。有的人打电话非常随意,想什么时候打就什么时候打,根本不管对方是否方便。要取得良好的电话交往的效果,必须有非常强的时间观念。一般来说,商务电话,应当公事公办,应选择在周一至周五时打。并且最好在上班时打,但不要在对方刚上班、快吃午饭、午休或快下班时打电话过去。因紧急事宜打电话到对方家里去,通话之初先要为此说声“对不起”,而且应尽量避开用餐或休息时间。在国际交往中,与外商通电话,应考虑到此地与彼地的时差,同时还要考虑对方在作息时间上的特点。

边打电话边吃东西。对方虽然看不到你,但对方能够“听”得出来。一边打电话一边吸烟、喝茶或吃零食,即使轻微的声音对方透过电话都会听得非常清楚,你咀嚼的声音最令人嫌恶。电话交往的效果可想而知。因此打电话时,即使看不见对方,也要当作对方就在眼前,尽可能注意自己的行为举止。

**2. 善待你生命中的贵人——接电话的礼仪**

中国有句古话叫“贵人来相助”,有心之人处处遇贵人,而有的人一生之中遇不到贵人,郁郁而终。其实每个人都可能会遇到贵人,关键是你是否与人处处结善缘。也许给你打电话的人就是贵人。当年小杨还是建筑工程公司的小泥工的时候,一个用户的电话需求改变了他一生的命运。当时一客户看中了一套二手房,但又不放心房屋的质量,于是打电话想找专业人士帮他参谋参谋。当时公司并无这项业务,但小杨接到电话后,利用休息时间,帮助这个客户非常仔细地检查了房屋的质量,关注每个细节,检查了近两个小时,最后得出结论,房屋质量没什么问题,可放心居住。客户满心欢喜,当场就给了数目可观的“看房咨询费”。小杨由此得到启发:看房参谋是个有前途的新型职业。为了取得客户的信任,他系统地学习建筑专业知识,并拿到了毕业证书,成立了看房参谋公司,生意红红火火,顺利赚取了人生第一桶金。所以贵人是别人,也是自己,最重要的是把客户的麻烦当成自己的麻烦,积极解决并引发命运转折。因此应该把所有打来电话的人都当作贵人,认真对待,热情接听。正如一位电话沟通专家所言:贵人就在你日常接听的每一次电话之中,每一次电话,都以贵人的心态去对待。在商务场合,你要让别人成为你的贵人,即要得到别人的帮助,首先要你自己成为别人的贵人。而贵人的形象应是热情、亲切,时时处处关心帮助别人。

**迅速准确地接听** 电话铃声响起后,最好在三声之内接听。在国外有"铃响不过三遍"之说。有经验的商界人士往往铃响两声后再接。铃响立刻拿起,会使对方感觉唐突;铃声超过三声,容易使对方感到不耐烦。电话铃声响一声大约 3 秒钟,若长时间无人接电话,或让对方久等是很不礼貌的,对方在等待时心里会十分焦躁,你的单位会给他留下不好的印象。即便电话离自己很远,听到电话铃声后,附近没有其他人,我们应该用最快的速度拿起话筒,这样的态度是每个人都应该拥有的,这样的习惯是每个商界人士都应该养成的。如果电话铃声响了 5 次以上才接,要赶紧向对方道歉。若电话响了许久,接起电话只是"喂"了一声,对方会十分不满,会给对方留下恶劣的印象。接电话时要专心致志、彬彬有礼,切不可在笑闹声中接电话,给人不庄重的感觉。

**接听电话要态度好、姿势雅** 不要以为接电话时的态度和表情对方是看不到的,其实对方完全可以在通话过程中感受到。接听电话要心中微笑、态度谦恭,要注意自己的语言语气,不要漫不经心,接电话时宜双手捧起话筒与对方友好通电话,不要拉着电话线走来走去。万一对方拨错了电话或者电话串线,要保持风度切勿发脾气,确认对方拨错电话,应先自报家门然后再告知电话拨错了,对方如果道歉了,不要忘了说声"没关系"。

**通话要切合内容** 电话交谈中,应停止手中、口中一切活动,左手拿听筒,右手拿着事先准备好的备忘录。商务电话,要用精练的职业语言。如果无法明白对方来电目的或自己无法传达正确内容,都是失败的接听。需要费时查资料时,最好先挂断电话稍后再打。

**结束通话的礼仪** 结束通话时应认真道别而且要让对方先放下电话,不宜越位抢先。但是当电话变成了东拉西扯,或是漫无边际的时候,你只要简单地说:"我非常高兴能和你通电话。我们期望下次能再见到你。再见。"也可找个借口:"真是不巧,我还有一个约会,我必须得走了。"有时客人来访,而你知道这个电话不可能很快就结束时,就应当暂时推一推,在其后更合适的时间再打。如“现在我有一个客户,我一会儿有时间时会给你打过去的”,或者找些其他什么得体的话。重要的电话内容要立刻记录,收线后马上整理过滤,按“5W1H”记录下来,或是传达,或进一步处理和归类存档,避免失误。所谓 5W1H 是指 When(何时)、Who(何人)、Where(何地)、What(何事)、Why(为什么)和 How(如何进行)。在工作中这些资料都是十分重要的。打电话与接电话具有相同的重要性。电话记录既要简洁又要完备,有赖于 5W1H 技巧。

**3. 帮助别人等于帮助自己——转接电话的礼仪**

我们常会接到打给别人的电话,需要我们及时转接。不要一句“找谁?他不在”就完事。代接电话乃举手之劳,应尽量多做,所谓帮助别人等于帮助自己,当同事接到你的电话时,自然也就及时转接给你。但是转接电话有讲究,否则容易吃力不讨好。

**及时转接** 找的人如果就在身边应告诉打电话者请稍候,然后立即转交电话。被找的人如果在别处应迅速去寻找,若找的人不在,应在接电话之初立即告知并表示自己可以代为转告。代接电话时对方如有留言应当立即笔录下来,最后还应当再次复述一遍,以免有误。记录内容包括什么人、什么时间打的电话、大概是要说什么事(如果对方不愿意不必强问)、对方有什么要求(一看到字条马上回电话,还是晚上再打电话等)。在记录对方电话号码时,则一定要重复,以免记错。通常很多人在转接电话时不予记录或者记录得非常简单,只有一个姓和一个电话号码,这样对方要找的人工作繁忙的话,这种电话可能得不到及时回复。

**确认对方姓名身份尽量用褒义词语** 人们总是相信自己的姓名是吉利而有意义,最不喜欢听带贬义色彩的词语来形容自己的名字。但有的人在转接电话时会问对方:“您姓秦,是秦桧的秦吗?”“您姓孔,是打孔的孔吗?”诸如此类,让对方听了心中极为不快。如果改成“是秦始皇的秦吗?”“是孔子的孔吗?”对方顿时对你心存好感。

**转接电话要拿着话筒和放下话筒一个样** 很多人在拿着话筒时,通常会比较注意自己的语言,会说“您找哪位?请您稍等”,放下电话找人时,往往忘了对方也能听见,变得随心所欲,大声嚷嚷,“男的找你”,“小姑娘找你”或者说“是一个北方口音的人”。当对方在电话里听到这些形容方式时,会感到不愉快。因此转接时,要同样用客气的方式叫人,或者应该用手捂上话筒,注意隔音。

**未经要接电话者同意不要轻易将手机号码告诉对方** 转接电话时,如果来电者要找的人不在,对方询问手机号码时,转接者一定要经过要接电话者同意才能把手机号码告诉对方。否则可能严重干扰到要接电话者的工作或生活。

另外还要注意礼貌地使用语音电话。对于商务繁忙的人来说,使用语音是一个不错的选择。但对于刚刚踏上工作岗位的你来说,应尽可能地接听每一个电话,而不要使用电话录音功能。商务往来比较多的人可请秘书代为处理电话,也可在本人不在时使用录音电话。但是本人在场时一般不合适使用录音电话。万一需要录音电话,则必须使自己预留的录音友好谦恭。规范的商务电话留言如:“您好,这里是成国公司公关部。本部门工作人员现在因公外出,请您在信号声音响过后留言,或者留下您的姓名与电话号码,我们将尽快与您联络。谢谢,再见。”应该养成回复所有打电话给你的人的习惯,而且尽可能地在当天就回复。如果一个人为了一件事情而三番两次地打电话给你,而你始终未予回复,他们会为你贴上这样的“标签”:你是一个不可信赖的、没有效率的人。

## 二 展示现代文明的手机文化和电子邮件礼仪

**一个人凭着对他人的真诚关心,能够获得即使是最忙的人的注意,占有他们的时间,并得到他们的合作。**

**——戴尔·卡耐基**

**在商务交往中要尊重一个人,首先就要懂得替他节省时间。**

**——佚名**

随着现代科技的发展,移动电话和电子邮件的使用越来越普遍。它为我们工作和生活带来了极大的方便,提高了生活水准和工作的效率,但同时也带来了商务礼仪方面的新问题。如到处充斥着垃圾邮件,与工作相关的内容反而不多;手机使用者越来越旁若无人,刺耳的铃声现在已经成为最烦人的噪音,等等。不健康的手机和电子邮件礼仪给社会生活带来很多负面影响。礼仪专家已把它们归纳为"基本社会公共礼仪"。手机和电子邮件礼仪越来越受到关注并且对于商务交往的成败的影响日益显著。

**1. 不可不知的手机礼仪**

在各种现代化通讯工具中,手机使用最为普遍。手机的礼仪规范主要涉及以下几个方面:

**要遵守公共秩序** 在公共场所,特别是电梯、路口、人行道、影剧院等地方,商务人员尽量不使用手机。如果非要在公共场合使用手机,应尽量把自己的声音压低,不能大声说话而影响他人。

在会议中或与别人洽谈的时候,最好把手机关掉,起码也要调到震动状态。这样既显示出对别人的尊重,又不会打断说话者的思路。无论业务多忙,为了自己和其他乘客的安全,在飞机上都不要使用手机。

在某些场合要关闭手机,尤其是在音乐厅、电影院和教堂。那些地方不适合你与朋友聊天,也不适合你接听电话,最好是彻底关机。如果非得回话,可采用静音的方式发送手机短信简单答复对方。

在餐桌上,关掉手机或是把手机调到震动状态还是必要的。不要正吃到兴头上的时候,被一阵烦人的铃声打断。

在诸如婚礼等场合应尽量避免使用手机,最起码也要关掉手机铃声,调成静音或震动状态。

**手机置放到位** 在一切公共场合,手机在没有使用时,都要放在合乎礼仪的常规位置。无论如何,都不要在并没使用的时候放在手里或是挂在上衣口袋外。常规位置有二:一是置于随身携带的公文包内,二是上衣口袋之内,但第一种更正规些。有些商务人士喜欢把手机挂在胸前,拴在手上或腰上,以方便使用,但这样置放有失雅观。手机只是通讯工具,不是装饰品,最好不要放置显眼的地方。

**保证畅通** 使用手机的目的是方便自己也方便他人。手机应保证畅通。告诉对方手机号码应准确无误,若是改动了号码,应及时通知主要的交往对象,以保证彼此联络的顺畅。注意要及时交纳话费,如果因欠费而停机,致使失去了重要的客户与你联络,那是得不偿失的。

**要重视私密** 重视私密包含两方面的内容。一是要保护自己的私密,一般而言,在名片上不印手机号码,不随便告诉他人自己的手机号码;二是要尊重别人的隐私,不随意借用别人的手机,更不应该把别人的手机号码随便告之于众。如今手机的新功能越来越多,许多人的手机有拍照功能,但注意遵守社会公德,尊重别人的隐私,不可偷拍别人的照片。

*慎打对方手机* 给对方打手机时,尤其当知道对方是身居要职的忙人时,首先想到的是,这个时间对方是否方便接听。并且要有对方不方便接听的准备。如开会、开车及其他一些公共场合不方便接听。因此是否通话还是由对方来定为好,所以通常细心的人在拨打手机时第一句问话是:"现在说话方便吗?"其实,在没有事先约定和不熟悉对方的前提下,我们很难知道对方什么时候方便接听电话。所以,在有其他联络方式时,还是尽量不打对方手机为好。

*重视手机短信礼仪* 近年来,手机短信异军突起,使用越来越广泛。在一切需要手机震动状态或是关机的场合,如果短信的声音此起彼伏,那么和直接接打手机就没有什么区别。因此手机短信的礼仪已成为手机礼仪关注的焦点。在会议中、和别人洽谈的时候即使用手机接收短信,也要设定成震动状态,不要在别人能注视到你的时候查看短信。一边和别人说话,一边查看手机短信,是对别人的不尊重。在短信的内容选择和编辑上,应该文明礼貌,这可以反映出你的品位和水准。

**2. 体现现代文明的电子邮件礼仪**

随着因特网和电子邮件在商务领域中的应用越来越广泛,电子邮件礼仪已成为商务礼仪重要的组成部分。电子邮件,又称电子函件或电子信函。它是利用电子计算机所组成的互联网络,向交往对象所发出的一种电子信件。电子邮件发送快捷,安全保密,清晰度极高,而且费用低廉,是性价比最高的一种通讯手段。这些优点是信件、传真、电话和直接见面所无法比拟的。

但目前一些商务人士很少甚至不会使用电子邮件,习惯电话谈、见面聊,对电子邮件的轻视已成为制约中国企业发展的因素。一位印度商人曾对中国记者谈起过这样一件事:在新德里举行的"中国实用技术产品展览会"上认识一位浙江参展商,对他参展的缝纫机非常感兴趣,想做该产品代理商,并交换了名片,表示将对合作事宜继续沟通。展会结束后,印度商人拟定一份合作计划,并按名片上提供的邮件地址发送过去。但此信石沉大海,一直没有回复,数天后他又按照名片提供的电话打过去,中国商人很抱歉地表示邮箱是他秘书帮他申请的,他几乎从没用过。印度商人一下打消了合作念头,因为他觉得连电子邮件都不会使用的企业家在信息时代走不了多远。

因此有经验的商务人士每天工作的第一件事便是打开电子邮箱,及时处理客户信件。书写邮件要规范。我们常会收到一些不规范的商务邮件,没有主题、称呼、正文和问候,甚至没有签名,只有一个附件就发送给对方,收件人不知道是谁寄出,寄给谁,又是什么内容,甚至不敢打开这样的邮件。所以写好一封商务电子邮件,应当遵守下列礼仪规范:

**要求态度庄重,精心构思每一封邮件** 所谓"文如其人",虽然对方看不到你的肢体语言、声调和表情,但对方可以透过你的文字了解你的态度、文化素养甚至内心世界。重视自身形象和公司形象的人发送邮件时一定会慎重,认真推敲写在电子邮件里的每个字和每句话,不会发无聊的信息给对方,更不会发送垃圾邮件。而且邮件是职业信件的一种,并具有法律效用,因此在电子邮件里绝不能写对公司不利或个人不利的事。

**主题明确** 一个电子邮件一个主题。要掌握在主题栏里用短短的几个字概括出整个邮件的内容,主题清楚明白,这不仅有助于收件人一看到它就对整个电子邮件一目了然,权衡邮件轻重缓急,也有助于以后查询邮件。

**风格简洁** 商界人士业务繁忙,网上时间珍贵,没有耐心看你的长篇大论。因此,邮件风格宜简洁明了,传达的讯息不要太冗长。同时要注意措辞,遣词造句尽量浅显明白,不要玩弄文字,只要传达的信息表达清楚即可。问候语可以比较自由地选择,如"你好""早上好,王林",也可使用较正式的问候方式,如"亲爱的苏曼小姐"或者就是"先生/女士"。邮件结尾可用"祝你愉快""以后再谈"等,也可什么也不写。但一定得写上自己的名字。注意文体风格的统一,如果是较为正式的商务邮件,那么开头问候语是"尊敬的××先生",结尾处应使用"致以敬礼"才适当。

**发送之前要认真检查** 发送之前仔细检查拼写,确保文字流畅,内容明确。绝不允许连起码的检查都没有,若错别字连篇,就会损害单位和个人的形象。办事细心的商务人士往往在发送邮件之前通知收件人,尽量在发邮件以前得到对方的允许或者至少让他知道有邮件过来,确认你的邮件对他有价值。

如果发送的邮件是中国内地以外的其他地区,则还应注意编码。因为我国内地与世界上其他国家和地区的华人,使用着互不相同的中文编码系统,用中国内地的编码系统向其他国家和地区里的中国人发出电子邮件时,对方很有可能只会收到一堆乱码,因此,商界人士在使用中文向除了中国内地之外的其他国家和地区的华人发出电子邮件时,必须同时用英文注明自己所使用的中文编码系统,以保证对方可以收到自己的邮件。

总之,电子邮件也是给别人的第一印象。表现得好,可以展现你良好的现代文明水平,取得预期的交往效果。

**【案例】** **余先生买房记**

余先生看了某房产公司的售楼广告后,想在郊区买一套排屋。打电话咨询房屋的有关信息,售楼小姐告诉他现在无房可售,要等第二期开盘。问第二期房屋大概什么价格,回答说不知道。再问大概什么时候开盘,回答说不知道。问能否留个电话通知一下,售楼小姐说用不着,你自己看报纸广告。余先生在电话中听到售楼小姐一边打电话一边与其他人聊天,还有咂吧咂吧吃东西的声音。余先生想:从对方所反映的电话形象看,这是一个缺乏规范的公司,对客户既不积极又不主动,根本不懂得起码的电话礼仪,挤牙膏一样,一问一答,令人不快。这样的房产公司,其房屋的品质令人怀疑。于是余先生决定买另一家品牌公司的房产。

**案例分析**:售楼小姐犯了电话礼仪中哪些禁忌?员工形象是公司最重要的形象,作为售楼小姐,应如何树立良好的电话形象?

# 第十四章

# 一箭中的的商务求职礼仪

*让你的思想高于你的才干，你的今天才有可能超过昨天，你的明天才有可能超过今天。*

——佚名

*了解自己想要做的是什么工作，并且去寻找它。向往前进的青年必须从自己的喜好、热忱当中，获得动机和鼓励，作为走向成功的生活的开始。*

——卡耐基

*礼节及礼貌是一封通向四方的推荐信。*

——伊丽莎白

一个人能否得到一份向往已久的工作，素质和实力固然是关键因素，但是，即使有卓越的才干、丰富的经验，也得配上适当的礼仪才能令个人的潜能发挥得更加淋漓尽致，获得目标公司的青睐。正如奥丽·欧文斯所言："大多数人录用的是有礼节的人，而不是最能干的人。"现在越来越多的有识之士重视求职礼仪。一个懂得求职礼仪、仪表出众的人，在求职面试中更能得心应手，也较别人有更大的机会，成功的大道更为宽广。

## 一　不打无准备之仗

*神圣的工作在每个人的日常事务里，理想的前途在于从一点一滴做起。*

——谢觉哉

凡事预则立，不预则废，为了实现事业抱负，求职者在择业之前须做好充分思想准备和信息准备。专家建议:一定要记住,不做准备不应聘。

**1. 把握形势,准确定位**

许多人一生都在求职的漫漫之路上跋涉,期望进入快速成长或高回报的行业或进入具有高绩效的企业,以获得高薪高福利高享受,但他们选择了一次又一次,权衡了一次又一次,也错过了一次又一次。究竟有没有完美的工作存在?专家认为:工作是"给人们提供一个发挥和提高自身才能的机会;通过和别人一起共事来克服自我中心的意识;提供生存所需的产品和服务"。其实工作是人们寻求自己认为最有意义的生活方式的一种途径。完美的工作是不存在的,而让自己充分发挥才能,又有发展潜力的适合自己的工作,只要用心去寻找,不是不可能的。

**面对现实,调整心态** 不要过分迷恋大型企业,不要过分关注眼前利益,不要追求热门职业等,找一份适合的工作并不是一件难事。况且今天的热门,明天就可能饱和,今天不发达地区,明天也可能是经济建设的主战场。所以要以发展的眼光指导自己正确择业。

**把握个人特质** 俗语说"女怕嫁错郎,男怕入错行",选择合适职业是一生幸福的关键。但为什么会常常选错行呢?一个很重要的原因是对自己不了解。对自我的认识,主要有性格、兴趣和能力三方面。西方发达国家招聘中有新的理念,认为性格比能力更重要,能力不足,可以通过培训得以提高。所以选择职业时应考虑自己的性格特点,外向型性格适合与外界广泛接触的职业,如律师、记者、推销员等;内向型则比较适合从事有计划的、稳定的、不需过多人际交往的职业,如研究人员、会计、资料管理员等。

**把握机会,企业大小不重要** 在选择企业时,应注重企业发展和个人发展的态势。择业的重心依企业规模而异,大企业做人,小企业做事,即大型企业选文化,中型企业选行业,小型企业选老板。选择大型企业,考察其企业文化非常重要,如果自己与企业文化格格不入,就很难融入和接受。而企业也倾向于吸收能迅速理解和适应其文化的人。选中等规模企业便要选择行业,因为企业与行业的生存空间有很大的关系。从成长性的角度看,选对了行业,个人择业也就成功了一半。在小型企业,老板是不折不扣的灵魂人物,有着绝对的权威。老板的眼光、能力和远大理想,直接影响企业未来的发展,因此老板的风格和为人便成了重要的判断依据。

**2. 知彼知己,正确择业**

自信的求职者往往认为是金子总会发光,但是什么样的人才才是金子?市场才是人才的试金石。必须了解企业形势特别是人才行情。知彼知己,才能正确择业。

**了解企业招聘新理念** 对于应聘者来说,找到一份好工作就意味着一份好收入,一份好收入就会有一份好生活,进而实现人生的梦想等。但我们更应首先了解企业需要什么样的人才,我能为企业做什么。企业成功的关键在于人力资源的高素质和人才作用的发挥。企业十分重视应聘者的实际工作能力,最看重的素质是责任意识、创新精神、敬业精神、团队合作能力、学习能力和坚定乐观的心态。丰田美国公司总裁认为:"我们首先寻找那些能够自己进行思考的人,这些人有自己的解决问题的能力;其次,我们寻找那些能够在团队的气氛中工作的人。简单地说,我们寻找的是有强壮心智的人,而不是有强壮的脊梁的人。"当然不同的企业对员工有不同的偏好,如美资企业往往更看重创造性和沟通能力,日资企业更侧重于规范性。

**了解目标单位** 事先对目标单位和目标工作进行深入细致的了解非常重要,这将有助于我们得到这份工作。一些资深人力资源专家认为:面试时,我们都会问求职者对我们的公司了解多少,如果他能很详细地回答出我们公司的历史、现状和主要产品,我们会很高兴,会认为他很重视我们公司,对我们公司也有信心。要通过多种信息渠道了解目标单位的性质、规模、组织结构、产品和服务金融状况以及发展前景等,并深入了解有关日常工作的下列问题:工作职责、工作要求、事业发展、工作发展及出差机会等。了解的途径主要有网站、图书馆、报刊杂志、上市公司年报,或打电话到公关部或人力资源部,如果能与企业内部员工现场交谈,效果更佳。总之,在面试前,要尽可能多地收集有关招聘单位的详细资料,做到心中有数。所获的信息应准确、真实。

## 二 求职信是应聘者的第二张脸

*求职信无法打动对方的人无缘见面。*

——佚名

招聘者是否预约与你面谈,虽然取决于你的全面背景:受教育程度、工作经历和技能等是否符合应聘职位的要求,同时也取决于你的求职信是否让对方心动。因为面对一个空缺的职位,通常有几十名甚至上百名应聘者,企业的招聘者会从这几十名、上百名应聘者中选出你的求职信,然后才与你预约面试。因此准备一份出色的求职信是应聘成功的第一步,它将有助于成功地推销你的产品即你自己。

**1. 书写规范,谦恭有礼**

要求格式标准,内容正确,有真情实感。求职信是属于书信一类的,其基本格式与书信无异,主要包括收信人称呼、正文、结尾、署名、日期和附录共六个方面的内容。称呼要准确、有礼貌,问候要真诚,正文中要简单扼要地介绍与应聘职位有关的学历水平、经历、成绩、求职动机、性格以及现在的情况等等,令对方从阅读求职信开始就对你产生兴趣。但这些内容不能代替简历,较详细的个人简历应作为求职信的附录。结尾时一般应表达两个意思,一是希望对方给予答复,并盼望能够得到参加面试的机会;二是表示敬意、祝福。如"顺祝愉快安康"、"顺致商祺"等,也可以用"此致"之类的通用词。最重要的是别忘了在结尾认真写明自己的详细通讯地址、邮政编码和联系电话,以方便用人单位与你联系。最后署名可按照中国人的习惯,直接签上自己的名字即可。日期写在署名右下方,应用阿拉伯数字书写,年、月、日都全写上。最后是附录,求职信一般要求和有效证件一同寄出,如学历证、职称证、获奖证书、身份证的复印件。

**2. 发挥优势,突出经历和特长**

求职信其实是一种自我介绍信,要让对方感到,你能胜任这个工作,因此重点要突出。一是突出经历,招聘单位最关心的是应聘者的经历,要从经历看应聘者的经验、能力和发展潜力,大学生没有工作经历,但一定要突出有价值的实践活动。写工作经验时,一般是由近及远,先写近期的,然后按照年代的顺序依次写出。最近的工作经验是很重要的。一份好的求职信,看起来就像一座倒金字塔,最近的经历最详细,早期的工作经历只是简单的提一下。二是重点突出所应聘的"职位"信息,即胜任工作理由要充分,表明自己具有与工作要求相关的特长、兴趣、性格和能力。但要写得恰如其分,有的应聘者写了五六项特长,这样可能会起到适得其反的作用,招聘者会认为特长太多就说明你没有特长。

**3. 包装庄重、雅致**

求职信也要适度包装，既庄重又雅致，与众不同但又不能花哨，要给招聘者眼睛一亮的感觉。除非有特殊要求，求职信应用打印机打印。纸张一般用白色、浅灰色或米色的A4纸，特别值得注意的是求职信后所附的文件都应同求职信大小划一，统一尺寸，不能大大小小。中文字体除标题外，不要在正文中使用过分粗犷的诸如隶书、黑体、行书等等艺术类的字体，以免显得通篇"黑压压"一片过分沉闷，要尽量选用比较轻巧的字体。如果自信书法好可用手亲笔写。另外外企要求同时用外语写求职信。求职信中一般要求附上个人照片，最好是彩色的近照，千万不要是皱巴巴的以前的黑白照片。光彩照人的照片也会为你带来好运气。

总之求职信篇幅适当，态度诚恳，措辞得当，重点突出，宜用平和稳重的语气，要给人以赏心悦目的感觉。

## 三　把面试当作与情人约会

*真正的英雄并非没有胆怯的时刻，只是他能设法不让怯懦征服自己。*

*——罗曼·罗兰*

求职能否成功，面试是关键环节。在面试中，求职者从简历中走出来，站在面试官面前，施展自己的才能，显露自己的特点，让他们认识你，了解你，相信你是最理想的人选。面试总对策是力争给主考官一个好印象。因此求职者的形象、气质、谈吐就显得尤其重要。

**1. 良好的形象是"一封永久的推荐书"**

职业形象是求职者成功应聘的"软实力"。在同等条件下，得体、干练的着装将赢得面试官的好感，一些服饰上的小细节也可能成为求职者胜出的关键。有位公司人事总监说：我认为你不可能仅仅由于戴了一条领带而取得一个职位，但是我可以肯定你戴错了领带就会使你失去一个职位。形象礼仪专家及时提醒求职者，面试时切莫在形象上失分。

**穿一身明快色调为主的得体服装**　在这里，社交中的服饰"TPO"原则同样适用，即服饰应当符合Time（时间）、Place（地点）、Occasion（场合）的要求，特别是所选服饰应与所谋求的职业相适应。尽管各种职业的穿着标准没有成文的规定,但在人们的心理上却存在着一定的思维定势,如公务员着装要求稳重、得体,IT工程师着装随意,广告人则可以更加时尚前卫。因此男士是否要穿西服,可根据所应聘的单位的性质来决定,但千万不要冒险穿牛仔裤、另类的服饰等。女士应仪表端庄,着装最好以带有时尚元素的职业装为主,有经验的招聘人员能从服装搭配上看出应聘者的个性和审美情趣。切勿穿有许多装饰品、褶边的服装,因你希望考官注意的是你的内在气质而不是你上衣的花边。

*形象干净整洁*　一个人的服装、鞋子、头发、身体等都会表现出他的整体形象。"男人的皮鞋女人的发",说的就是从细处看男女的风貌,头发一定要加以修饰,发式简单、干净,太新潮怪异的发型不适合职业女性,长头发要梳理整齐,个子矮的人最好不留披肩发,用发卡夹住或简单盘起均可。男士不宜胡子拉碴,面试前最好进行口腔清洁,不能有酒味、烟味和香水味。总之你的专业形象应与你去应聘的单位或职位是相符而不是冲突的。

**2. 面试中的自我推销**

走进面试考场,应尽量放松自己,表情自然,面带微笑,给人以亲切、真诚的印象。有专家指出,实际上,从你一踏入大门的五分钟内,主考官就决定了是否要录用你,因此面试一定要紧紧抓住最初的五分钟。主考官致欢迎词后,往往会请应聘者用中文或外文作自我介绍,此时你要漂漂亮亮地亮出你自己。自我介绍必须掌握以下几个原则:开门见山,简明扼要,一般不要超过三分钟;实事求是,适当表现自己,但不可吹得天花乱坠;突出长处,但要与申请的职位有关;善于用具体生动的实例证明自己,说明问题。

**3. 随机应变,巧答问题**

*面试的主要内容是"问"和"答"*　面试中,考官往往是千方百计设卡,以提高考试难度,鉴别单位真正所欲求的人才。要应付这种局面,就要应答得体,一定要掌握应答中的基本要领,把握了这些要领,对于从不同角度、以不同形式提出的问题就都能够应付自如。

考官常规性的问题。

关于公司情况:你了解我们公司吗?

关于应聘者动机:你为什么想得到这份工作?或如何看待应聘岗位?

关于专业情况:你为什么选读这个专业?这个专业和我们的工作有何联系?

关于工作能力：你应聘这个职位具有哪些优势？你有过哪些成功的体验？你将怎样开展工作？

关于自我评价：你是一个什么样的人？什么事让你有压力，什么事让你心情愉悦？

在诸多问题中，个人的专业能力水平是核心问题。

成功回答提问的要点。

突出与应聘职位相关的工作经历或以你的经验为依据回答问题，表现乐于奉献的态度(应从给予者的角度而不是索取者的角度回答问题)。

不失时机地展露自己的才华。

适当表现自己的优势和个性。

抓住机会，适当恭维对方。

同时应该注意以下几点：语速不可太快或太慢，不可急于作答，不可打断对方谈话，不可不顾对方反应或语言不当。如微软公司在中国招聘人才时，有一道看似极简单的题目：请你谈谈你和导师的关系，一位原先被认为极有希望入选的候选人讲了一大通导师的坏话，结果可想而知。其实公司主要是看你在与你意见不合的人相处时的协调能力而不是来听你发牢骚的。

有时主考官要考你的思维方式，或试试你的应变能力，如"请告诉我们一些你的弱点"，此时千万不能步入陷阱，实事求是讲一点缺点即够了，也可讲过去有的但现在已克服了的缺点。

**面试是一次双向交流的过程** 招聘者向应聘者提供提问机会，同时也是测试应聘人员的综合素质。如问对方"你有什么问题要问我们的吗"或"还有什么需要我们进一步说明的吗"等，求职者可以紧扣工作任务、职责或企业的状况、个人的长期发展方向对考官提问，如"据我了解应聘岗位的职责是……不知贵公司还有哪些要求，我需要做哪些努力才能满足本岗位的要求"、"我想了解企业对新员工的培训方面有何措施"等，把面试看作是一次社交活动，自信平等地与诸位考官交流，但切记不可反客为主，本末倒置。提出的问题超出了应当提问的范围，引起主考官的反感。同时要注意在招聘广告、企业介绍中已有的内容，要排除在提问之外。还有薪酬问题，是双方关心的一个焦点，但是如果考官没有主动提起，就不必主动问，也许别人还没对你感兴趣呢。

**4. 注意面试中的个人礼仪**

有研究表明,那些善于用眼睛、面部表情,甚至小动作来表现自己情绪的应聘者的成功率,远高于那些目不斜视、笑不露齿的人。

**身体语言泄露天机** 如果主考官没有请你坐下,那你就得如青松般站着,要求挺胸平肩,背脊上提,切勿无精打采,东倒西歪。如果主考官请你坐下,你方可坐,动作轻柔缓和,正确的姿势应该是坐得腰板儿挺直,双手放在适当的位置,上体不靠椅背,可稍向前倾以表示自己对这份工作十分感兴趣或对对方的尊重,忌讳两腿抖动,塌腰含胸等。双眼友好地直视讲话者的双目或眉心,并面带微笑,给人以自信亲切而乐观的印象。平常应注意加强这方面的训练,以加强肢体语言的协调性和表义性。

**勿以动作小而不察** 主考官一般都欣赏自信而有修养的应聘者,从看第一眼开始,你的言行举止皆是考察的范围,特别是细节往往不经意间泄露一个人的品性和涵养。如自己随身带着公文包或皮包时,不要放在考官的办公桌上,可以把它放在自己坐的椅子旁边或背后,也不要随便动办公室里的任何东西。更不要嚼口香糖、抽烟,在与他人交谈过程中,嘴里吃东西、叼着烟都会给人不庄重的感觉。

**5. 试后礼仪**

俗话说"结局好一切都好",求职面试同样讲究结束之术,虎头蛇尾很可能前功尽弃,不少求职者开始面试表现不俗,但在结束时的不拘小节导致全盘皆输,求职过程要求善始善终。

**结束以礼** 把握结束面试的最佳时间。特别注意对方结束面试的暗示,如对方以"感谢你前来我公司面谈"或"同你谈话我感到很愉快,一星期之后通知你面试的结果"等辞令结束谈话,你就应机敏而不失时机地起身告辞,同时感谢对方给自己面试的机会,面带微笑,挥手或握手告别,给人留下一个好的印象。

**试后致谢** 试后最好写一封查询函(谢函)或打电话给主试人,以示谢意。信要简短热情,感谢他给予的面试机会。礼多人不怪,在招聘单位难以取舍之际,这一封信函也许能起重要作用。如果被录用,在接受这份工作之前,弄清所有条件,如果没有被录用而你对这家公司情有独钟,则在信中说明你即使没有成功但也很高兴有面试机会,如果有可能,你将会很高兴再次能获得面试机会,这样做不仅仅是礼貌,而且使应聘单位出现另一个职位空缺时想到你,创造一个潜在的求职机会,何乐而不为呢?

倘若求职未能成功,不要气馁,"精诚所至,金石为开",每一次面试都会增加你的经验,使你处于更有利的地位,准备向成功之路迈进。总结和回顾,分析成败得失,会使下次面试成功。

**【案例】　穿着细节影响面试印象**

一名女士到一家大公司应聘总经理助理岗位。公司的主考官对她的才能、学识大加赞赏。但最终却没有录用她。他说:"这个女士来面试的时候,穿着昂贵的时装,却配了一双松糕鞋,指甲抹得血红。手提包看上去有些脏。一个缺少品味且有些邋遢的女人是不适合在管理层做管理工作的。"

**案例分析:**这位女士应聘为什么会失败?如何塑造良好的求职形象?

# 第十五章

# 举止有度的涉外商务礼仪规范

*如果你要得到仇人，就表现得比你的朋友优越吧；但如果你要得到朋友，就要让你的朋友表现得比你优越。*

——卡耐基

*为人粗暴意味着忘却自己的尊严。*

——车尔尼雪夫斯基

*我们很难得用相同的天平来估量邻人和自己。*

——卡耐基

由于地区和历史的原因，各地区各民族对礼仪的认识各有差异。为了更好地与不同的民族、不同的国家的人进行商务交往，避免因为各自的文化、制度等差异产生误会和隔阂，人们交往时要遵循共同的礼仪规范和准则。涉外礼仪实质上是人们在一切对外交往中所必须遵循的国际社会中约定俗成的国际惯例。涉外礼仪有利于展现中国礼仪之邦的风貌，赢得人们的尊敬和爱戴，广交朋友，也是国际交往成功的基本保证。

## 一　涉外商务礼仪的原则

*人类的举止，有一条重要的法则。如果我们遵循这条法则，就永远不会出问题。但一旦违反了这条法则，我们就会惹上无止境的麻烦。这条法则就是：永远使对方觉得重要。*

——卡耐基

国际商务交往中，各式各样礼仪纷繁复杂，但万变不离其宗，只要遵守并应用有关国际交往惯例的基本原则，就能在涉外交往中得心应手，举止有度。

**维护形象** 在涉外交往中必须时时刻刻注意维护个人形象，因为每一名相关人员的一言一行，不仅体现个人的教养和品位，而且还代表着其组织形象和国家形象，若是对自我形象毫不修饰，就意味着对交往对象的不尊重，是极为失礼的行为。维护形象包括三个方面：首先是讲究卫生。注意自身仪表干净整洁，身上没有异味或异物，千万不可蓬头垢面。同时注意不随地扔物品，不随地吐痰等细节。其次是举止大方。外国人面前，其言行举止从容得体，堂堂正正，同时又不自大狂傲、放肆嚣张。最后是态度热情友善。总之涉外交往中要时时刻刻注重个人言谈举止、服饰仪容，在外国客人心中留下良好的印象。

**信守承诺** 其基本含义是指在国际商务交往中，大到生意往来，小到约会的时间，都必须认真而严格地遵守自己的所有承诺。如约定的时间、人数一旦确定，就不得随意更改。但也有人时间观念淡薄，无论参加什么活动，都姗姗来迟，或者随意更改变动人数。这在国际交往中是极其失礼的。因此要真正做到“言必信，行必果”，尤须在下列三个方面身体力行，严格地要求自己：一是许诺必须慎重；二是务必要认真遵守自己所作的承诺；三是万一由于难以抗拒的因素而失约，必须尽早向有关各方通报，如实解释，郑重致歉，主动承担损失。

**谦虚有度** 其基本含意是在涉外交往中，既不自吹自擂，一味地抬高自己，也不要过分谦虚，特别是不要自我贬低，以免被人误会。例如外人问你正在忙什么，就说自己是“瞎忙”、“混日子”等，对方误以为你是不务正业之人。因为在外国人来看，做人首先需要自信，不自信的人就不可能得到别人的尊重。因此在涉外交往中，要自尊自信，尊重自己的容貌，尊重自己的职业，尊重自己的单位。当外国人当众称赞你的容貌、服饰或技艺时，你只要落落大方地道上一声“谢谢”即可。在作自我介绍或自我评价时，既要实事求是，又要勇于大胆肯定自身的价值。

**求同存异** 国内外人士在许多问题上看法很不一致，如在国内，两位男士出差在外，同居一室很正常，在国外则被视为“同志”。对于类似的礼仪与习俗的差异性，重要的是要了解，而不是评判是非，鉴定优劣。在涉外交往中为了减少麻烦,避免误会,我们应遵循“求同存异”的原则。最为可行的做法,是既对交往对象所在国的礼仪与习俗有所了解并予以尊重,更要对于国际上所通行的礼仪惯例认真地加以遵守。“求同”就是遵守国际惯例,取得共识、便于沟通、避免周折。“存异”就是注意“个性”,了解并尊重交往对象的礼仪习俗禁忌。“求同存异”的原则有助于增进中外双方之间的理解和沟通,并能恰如其分地向外国友人表达我方的亲善友好。

**女士优先** “女士优先”是国际社会公认的一条重要的礼仪原则,主要包括两方面的含意:一是每一名成年男子,都有义务主动自觉地以自己的实际行动去尊重、照顾、体谅、关心和保护妇女,并且时时处处努力为妇女排忧解难。二是在尊重、照顾、体谅、关心和保护妇女方面,男士们对所有的妇女都要一视同仁。倘若因为男士的不慎,而使妇女陷于尴尬、困难的处境,则意味着男士的失职。“女士优先”的原则并不代表女性是弱者,而是表示男士像尊重母亲一样尊重女性。能够这样做的男士,会被人视为教养良好,有绅士风度。

**尊重隐私** 中国传统礼仪,强调亲密无间。特别是朋友之间应当“知无不言,言无不尽”,但在国外,人们普遍讲究崇尚个性强调个性。因此涉外交往强调关心有度,不得打探或者涉及个人隐私问题。其实过分关心别人,对对方也是一种伤害。在国际商务交往中,要注意个人隐私八不问:第一不问收入支出;第二不问年龄大小;第三不问恋爱婚姻;第四不问健康状态;第五不问家庭住址;第六不问个人经历;第七不问信仰政见;第八不问所忙何事。总之,在与外商打交道时,不要没话找话,随意打听对方的个人情况,尤其是对方不愿回答时,更要适可而止。

**爱护环境** 在国外,一个人对待环境的态度是作为评判文明程度高低的标准之一。“爱护环境”的主要含义是:每一个人都有义务对人类所赖以生存的环境,自觉地加以爱惜和保护。具体包括以下八方面的内容:不可毁损自然环境;不可虐待动物;不可损坏公物;不可乱堆乱挂私人物品;不可乱扔乱丢废弃物品;不可随地吐痰;不可到处随意吸烟;不可任意制造噪声。在涉外交往中,光有爱护环境的意识还是远远不够的,还要处处体现在社交细节中,如不任意采摘鲜花,不在他人面前吸烟等。由于西方人士视猫狗之类为宠物,因此在交谈中说“狗肉味道真好”之类的话必然引起对方的反感。

**内外有别** “内外有别”是指对不同的人,有不同的要求,对自己人可说的事情对外人不一定都可说。在国际商务交往中，尤其讲究内外有别，有些商业机密更不能告诉外人。我国世上独有的景泰蓝工艺之所以被日本人所窃取，就是由于陪同人员不讲究内外有别，"一视同仁"，在日本访问团到景泰蓝厂参观时泄密的。当时陪同人员在介绍各种工艺时，把绝密的制作工艺无意中泄露了出去，对方轻而易举地得到了花大价钱也买不到的商业情报，结果日本很快生产出景泰蓝，在全世界与中国竞争。

**入乡随俗**　要了解和尊重各国的特殊习俗，否则会因误会而使宾主双方不愉快，甚至彻底失败。因此"入乡随俗"的原则要求在涉外交往中，要真正做到尊重交往对象，就必须尊重对方所独有的风俗习惯：一是必须充分地了解对方相关的习俗，做到"入境而问禁，入国而问俗，入门而问讳"；二是必须无条件地对对方所特有的习俗加以尊重。

**以右为尊**　正式的国际交往中，依照国际惯例，但凡有必要确定排列主次尊卑时，最基本的规则是右高左低，即以右为上，以左为下；以右为尊，以左为卑。大到政治磋商、商务往来、文化交流，小到私人接触、社交应酬，但凡有必要确定并排列时的具体位置的主次尊卑，"以右为尊"都是普遍适用的。

## 二　涉外商务迎送的礼仪

*你见到别人的时候，一定要愉快，如果你也期望他们很愉快地见到你的话。*

*——卡耐基*

俗话说："开头好是成功的一半"，"结局好一切都好"。在涉外商务礼仪交往中，迎来送往既是交往的开始，也是交往的结束。可见其在整个交往过程中的重要性。做好迎送工作，既可以体现我方的真诚和善意，又给国际友人留下非常美好的印象，从而加深双方的友谊，扩大双方的合作。外事迎送讲究注重每个细节，切不可疏忽大意。对迎送的规格、迎送的程序等皆要严格按礼仪规范行事，从而使双方友好往来有一个良好的开端和美好的结束。

### 1. 外事迎送的规格

当得知外国客人来访时，首先必须做好迎接工作。按照国际惯例，要根据来宾的身份、来访的性质和目的，适当考虑两国关系，来确定迎接的规格。

确定迎送规格，主要是确定由哪一级人员出面迎接，这是接待来宾的一个礼遇规格。接待方的主要迎接人员一般应与来宾的身份相当，只有与我方关系极为密切时，才允许破格接待。如果因特殊情况，如当事人不在当地或身体不适不能出面，不能完全与来宾身份相当时，则可以由职位相当的人员或副职出面迎接，但要注意不能与对方身份相差太大，"门当户对"是国际惯例。根据接待规格不同，一般分为以下三种情形：

**隆重迎送**　主要适用于各国的国家元首、政府首脑的正式访问或重要的官方代表团。此类规格讲究规范性和严肃性，关注每个细节，稍有疏忽，都会有损国家形象。

**一般迎送**　一般人员或代表团来访，大都不举行迎送仪式，但在他们抵达或离开时，均应安排相应身份的人员前往迎接或送别。国际商务往来，大多使用这种规格。

**私人性质的迎送**　如果来访者是国际友人，属私人性质的访问，则视彼此关系予以适当调整。可适当轻松实在些，但切不可忘了必要的礼仪。

2. 迎送程序礼仪

迎送程序礼仪主要包括四项内容：掌握时间、献花礼仪、双方介绍、引导和陪同礼仪等。在迎送工作中，现场操作是否稳妥得当，是成功涉外交往的关键环节。

**掌握迎送时间**　为了顺利地迎接外宾，必须准确掌握外宾乘坐的飞机（车、船）抵达的时间，在客人抵达之前到达迎接地点等候客人，千万不要让客人等候。并备好专用车辆接送客人到达下榻之处。

来宾离去时，要做好送行的礼仪工作。组织应派专人协助来宾办理出境或机票（车、船票）手续，以及帮助客人提拎行李、办理托运手续。分别时，可按来宾国度的行礼习惯与之告别并用热情的话语为客人送行，如欢迎客人再次访问，祝客人一路平安等。最后应目送客人登机（车、船）离去后方可再离开。不去机场、码头或车站送行，或外宾一登机（车、船）马上就离去，是失礼的。尽管只是几分钟的小事情，却很可能因小失大。

**献花礼仪**　如来宾系贵宾，可安排献花仪式，迎接普通外宾，一般不需要献花。献花须用鲜花或由鲜花扎成的花束，忌用菊花、杜鹃花和黄颜色的花，要特别留意各国花卉禁忌。向贵宾献花一般由儿童或女青年在参加迎送的主要领导人与客人握手后，再将花献上，并向来宾行礼。如果对方信奉伊斯兰教，则不应安排女子献花。

**介绍礼仪** 客人抵达后，应首先同主人相互见面和介绍。一般由礼宾人员或我方迎候人员中身份最高者，率先将我方迎候人员按一定顺序逐一介绍给客人，然后再由客人中身份最高者，将客人按一定顺序逐一介绍给主人，若宾主早已相识，则不必介绍，双方直接行见面礼即可。客人初来乍到，一般较为拘谨。作为主人应主动与客人寒暄。

当向他人作介绍时，要用手掌示意，不能用手指示意。被人介绍时，应点头、微笑以应答。听人介绍时，应全神贯注，切勿心不在焉，同时最好能附之于一定的问候语，如“您好”、“认识您很高兴”等，以增添介绍彼此的亲切气氛。

国际上往往在互相介绍时有互相交换名片的习惯。名片最好能用两种文字印刷，这样可以方便对方有他所熟悉的文字知道你的身份，日后方便查找你的名片，加深双方友好往来。

**引导和陪同礼仪** 迎接客人抵达、欢送客人以及一些外事访问活动时，都应当引导，起到接待和引路的作用。负责引导来宾的人，多为来宾接待单位的接待人员、礼宾人员、办公室人员或秘书人员。在宾主双方并排行进时，引导者主动走外侧，来宾行走内侧。若三人并行时，通常中间的位次最高，内侧的位次居次，外侧的位次最低。宾主之位此时可酌情而定。在单行行进时，循例应由引导者行走在前，而使来宾行走于其后，以便由前者为后者带路。在出入房门时，引导者须主动替来宾开门或关门。此刻，引导者可先行一步，推开或拉开房门，待来宾首先通过。随之再轻掩房门，赶上来宾。在接待外宾的整个过程中，迎候人员应始终面带微笑，以表示欢迎之意，不要故作矜持，一语不发。

## 三 涉外商务会见和会谈礼节

**面对问题而能下决定时，当机立断，不要拖延着不做决定。**

**——卡耐基**

会见和会谈是涉外活动中常见的一种活动，其目的是通过直接面对面的交谈，加深了解，增进友谊，加强合作。同时也可通过磋商来解决双方的矛盾达成共识。

**会见与会谈的内涵** 会见在国际上一般有两种情况：其一是接见（又称召见），指的是身份高的人士会见身份低的人士，或是主人会见客人；其二是拜会或拜见，指的是身份低的人士会见身份高的人士。在我国统称为会见。在接见或拜会后的回访，称回拜。会见的地点一般选在会客厅或办公室，会见时间较短，内容较广泛；会谈内容较之会见要更正式，政治性和专业性较强，常常是双方或多方就某些重大的政治、经济、文化、军事问题及共同关心的其他问题交换意见，也可以接洽公务或谈判具体业务。

**会场布置与座位安排** 在安排会见、会谈时，组织方应事先将时间、地点、本方出席人、程序安排及有关注意事项通知对方，并安排好会场、座次。外事会见，多在会客厅或办公室内进行。宾主可分别各坐一边，也可交错而坐。中国的会见座次是：主宾居中，主人居右，记录员和译员应坐于宾主后面。客方随员依礼宾次序在主宾一侧就座，主方随员依次在主人一侧就座。

如果只有两方会谈，一般用长方形或椭圆形桌子，客人座位应设在对门位置或入门方向的右侧，以示对客人的尊重。小范围的会谈，也有不用长桌，只设沙发，双方座位按会见座位安排。

在安排座位时不要忘了在每个位置前摆好双语座位卡。

**会见、会谈的几项具体工作** 做好充分的组织准备工作。主宾双方都可向对方提出会见、会谈要求，提出时应将姓名职务以及想会见什么人、会见目的等告知对方，接见一方则应尽快答复，如遇到特殊情况不能接见，应婉言向对方做好解释工作。做好会见前的沟通工作，是双方的一种礼貌相待。

迎候客人。会见双方都应遵守约定，尤其作为主方人员应提前到达会见地点以迎候客人。迎候时，可以站在会见的大楼正门，也可以在会客厅门口等候。当客人到达时，应主动上前行礼表示欢迎，并引导客人入座。主人不到大门口迎接，可由工作人员迎接并引入会客厅。

**会见、会谈的服务礼仪** 会见期间，应准备饮料、茶水，根据不同的季节以及来访客人的习惯，备有不同的饮品以招待。如会见时间过长，可适当加上咖啡、点心等。组织领导人之间的会见，除陪同人员、译员、记录员外，其他工作人员安排就绪之后应退出会场。如允许记者采访，则应在会见开始前几分钟进行，会见开始即离开。

合影。为表示友好，会见应准备合影项目。合影前应事先画好合影图，一般主人居中，主宾紧挨主人的右侧，队尾两端应安排主方人员。

握别。会见、会谈结束，双方热情话别，并送到车前或门口握别，并目送客人远去后离开。

**【案例】** **迟到的代价**

台湾一家企业代表到美国采购成套设备，由于交通堵塞，当台湾谈判代表到达谈判地点时，比谈判约定时间迟到了半小时左右，美国公司谈判代表耿耿于怀，认为一家公司代表没有时间观念，就等于没有信用，今后很难合作。由于台湾谈判代表自知“礼”亏，只好不停地道歉。谈判一开始就陷入被动。在没有非常仔细认真审查的情况下，签订了合同。等冷静下来仔细核查合同时，发现自己吃了大亏，但悔之已晚。

**案例分析：**台湾公司谈判代表在谈判时吃亏的深层原因是什么？开展涉外商务活动应遵守哪些礼仪规范？

# 第十六章

# 千差万别的各国商务礼仪

君子敬而无失,与人恭而有礼,四海之内,皆兄弟也。

——孔子

我们的成功从一开始就基于合作。

——比尔·盖茨

礼貌是人类共处的金钥匙。

——松苏内吉

未来将不存在全球性文明,而是一个由不同文明组成的世界,所有的文明都必须学习共存。

——亨廷顿

随着国际商务交往的日益频繁,与世界各地的商务人士交往越来越密切。俗话说"一方水土养一方人",世界各国由于所处的地域、文化背景、政治制度等不同而使得商务礼仪千差万别,所谓"百里不同风,千里不同俗"。因此,与国际商务人士的交流合作,首先应了解和尊重国际交往的对象的礼仪和风俗,才能有的放矢,胸有成竹。孙子言:"知彼知己,百战不殆。"国际商战尤其如此。

## 一 日本商务礼仪

一个人永远报答不了万分之一的恩情。

——日本谚语

日本位于亚洲东部，由大和族、阿伊努人、朝鲜人和华人组成。大和族是日本的主体民族，它约占日本全国总人口的99%。主要宗教是神道教和佛教。日本的国语是日语。日本的国庆日是9月29日，即日本在位天皇诞辰之日。

**1. 商务礼仪**

**餐饮礼仪** 日本人爱吃“和食”。和食以大米为主，多用海鲜、蔬菜，讲究清淡与味鲜，忌讳油腻。典型的和食有：寿司、拉面、刺身、铁板烧、煮物、蒸物、酱汤等等。日本人爱吃鱼，吃法也很多，主要有蒸、烧、煮、炸、生等五种，其中，尤以刺身，即生食鱼片最为著名。日本饮食讲究色彩搭配。日本人非常爱喝酒，普遍爱好饮茶，形成了讲究“和、敬、清、寂”四规的茶道。日本人的饮食禁忌主要是不吃肥猪肉和猪的内脏，也有一些人不喜欢吃羊肉和鸭肉。日本人在宴客时，大都忌讳将饭盛得过满，并且不允许一勺盛一碗饭。作为客人，则不能仅吃一碗饭。

**服饰礼仪** 日本人在交际应酬中对穿着打扮十分精心。正式场合，通常要穿西式服装。而在民间交往中，他们有时也会穿和服，配布袜、木屐或草屐。历史上日本曾等级森严，和服的色彩、图案、款式、面料乃至穿着方法，无一不与穿着者的地位、身份相关。

**见面礼仪** 日本人与人见面善行鞠躬礼，初次见面向对方鞠躬90度，而不一定握手；只有见到朋友才握手，有时还拥抱。日本人与他人初次见面时，通常都要互换名片，否则即被理解为是不愿与对方交往。并且讲究交换的方法和程序。应由主人或身份较低者、年轻人先向客人或身份高者、年长者递送上自己的名片，递送时要用双手托着名片，把名字朝向对方以方便阅读。在接待日本客人时，千万要注意将自己的名片准备好，以便适时与对方交换，以示礼貌。称呼日本人时，可称之为“先生”、“小姐”或“夫人”，也可以在其姓氏之后加上一个“君”字，将其尊称为“某某君”。只有在很正式的情况下，称呼日本人时才须使用其全名。

**交谈礼仪** 在交际场合，日本人的信条是“不给别人添麻烦”。他们忌讳高声谈笑，在外人面前，大都要满脸笑容，而不论自己是否开心，认为这也是做人的一种礼貌。

**2. 礼仪指导**

日本人属内向型很强的民族，他们尊敬的是强者，坚信“优胜劣汰”的法则,他们绝不同情弱者。因而和他们合作一定要有自己的主见。自己能力越强,实力越雄厚,他们越瞧得起你,也唯有凭着自己的实力做后盾,才能获得信赖,关系才能更长远。

接受日本人的邀请,也有一定的讲究。例如应邀参加正式的宴会,则应郑重其事,要衣着整齐,穿套装或套裙。但如果是参加郊游,或其他的文娱、体育活动,即使是首次见面,也只要轻装打扮,或者是适合的装束,力求自然,以显示出你的热情大方,潇洒自如。到日本人家里做客,进门前要脱下大衣、风衣和鞋子,切勿未经主人许可,而自行脱去外衣。商务女性,不管什么时候,只要与日本人打交道,就应适当化妆。日本人认为女人化妆也是一种礼貌,女人不化妆出门被认为是很失礼的行为。

日本人大都喜爱白色与黄色,厌恶绿色和紫色。在日本,绿色与紫色都具有不祥与悲伤的意味。日本人忌荷花图案,认为那是妖花,仅用于丧葬活动。日本人有着敬重"7"这一数字的习俗,忌"9"、"4"等数字。赠送礼品的时候,不要赠数字为"9"的礼物,因为日语里"9"的读音和"苦"一样。"4"的发音和"死"相同,所以在安排食宿时,要避开 4 层楼 4 号房间 4 号餐桌等。日本商人还忌讳"2 月"、"8 月",因为这是营业淡季。另外,讨厌金银眼的猫,认为看到这种猫的人要倒霉。

到日本进行商务活动,以春季和秋季为宜。

## 二　韩国商务礼仪

*希望品尝佳肴的人脸上,常常挂着微笑,希望将自己的心意,通过菜肴传递给对方。*

*——《大长今》*

*没有泡菜,吃饭没味。*

*——韩国谚语*

韩国位于亚洲东北部的朝鲜半岛的南部,与我国山东半岛隔海相望。韩国素有"礼仪之国"、"君子之国"的称号,由于朝鲜历代封建王朝同封建集权制的中国在政治、经济、文化等各个方面交往密切,因此,中国儒家的仁义道德观念对朝鲜族民俗的形成和发展具有很大的影响,至今仍保持着尊敬长者、孝顺父母、尊敬教师的传统习俗。韩国人主要信奉佛教。官方的语言是韩语。8 月 15 日是韩国的国庆日。其他主要节庆有:春节、正月十五的元宵节、农历五月初五的端午节和农历八月十五的中秋节等。

**1. 商务礼仪**

**餐饮礼仪** 韩国人饮食以辣和酸为主要特点。主食是米饭、冷面,不爱吃稀饭。爱吃的菜肴主要有泡菜、烤牛肉、烧狗肉、人参鸡等,特别是泡菜,情有独钟,有"没有泡菜,吃饭没味"之语。在韩国,衡量一家主妇烹饪手艺的好坏,就看她家的泡菜做得好吃不好吃。韩国人一般不吃过腻、过油、过甜的东西,而且不吃鸭子、羊肉和肥猪肉。韩国男子通常酒量不错,妇女则多不饮酒。韩国人讲究用餐礼仪,吃饭时应先为老人或长辈盛饭上菜,老人动筷后,其他人才能吃。不可用筷子对别人指指点点,在用餐完毕后要将筷子整齐地放在餐桌的桌面上。为了环保,韩国的餐馆里往往只向用餐者提供铁筷子。用餐时不能随便出声,不能边吃边谈。韩国人在自己家里设宴招待来宾时,传统方式宾主都是围在一张矮腿方桌周围,盘腿席地而坐。在这种情况下,切勿用手摸脚,悄悄脱袜子或是双腿叉开。

**服饰礼仪** 韩国人的传统服装是男子上身穿袄,下身穿宽大的长裆裤,外面有时加一件坎肩,甚至再披一件长袍。韩国妇女则大都上穿短袄,下着齐胸长裙。在商务活动中,韩国人着装很讲究朴素、整洁、庄重。韩国男子都会穿深色的西服套装,系领带,皮鞋锃亮,而韩国妇女的着装优雅大方。在韩国,衣冠不整的人,和着装过露、过透的人,都是让人看不起的。

**见面礼仪** 与外国人初次打交道时,韩国人非常讲究预先约定,遵守时间,并且十分重视名片的使用。在正规的交际场合,韩国人都采用握手作为见面礼节。在行握手礼时,他们讲究使用双手,或单独使用右手。当晚辈、下属与长辈、上级握手时,后者伸出手来之后,前者须先以右手握住,随后再将自己的左手轻置于后者的右手之上。韩国人的这种做法,是为了表示自己对对方的特殊尊重。韩国妇女在一般情况下不与男子握手,而往往代之以鞠躬或者点头致意。同他人相见或告别时,若对方是有地位、身份的人,韩国人往往要多次行礼,行礼三五次,也不算多。韩国人在称呼他人时爱用尊称和敬语,但很少会直接叫出对方的名字,要是交往对象拥有能够反映其社会地位的头衔,那么韩国人在称呼对方时一定会屡用不止。

**交谈礼仪** 韩国人一般不轻易流露自己感情,公共场所不大声说笑,尤其妇女,有的笑时用手帕捂嘴,防止出声失礼。与韩国人交谈时,可以谈韩国文化、国家经济成就和足球等。需要对其国家或民族进行称呼时,不要将其称为"南朝鲜"、"南韩"或"朝鲜人",而宜分别称为"韩国"或"韩国人"。在韩国,不宜谈论的话题有:政治腐败、经济危机、意识形态、南北分裂、韩美关系、韩日关系、日本之长等。

**2. 礼仪指导**

韩国人的民族自尊心很强,反对崇洋媚外,倡导使用国货。在赠送礼品时,最好选择鲜花、酒类和工艺品,韩国人喜欢中国特色的礼品,不喜欢日本货。不宜送外国香烟给韩国友人。酒是送韩国男人最好的礼品,但不能送酒给妇女。韩国人用双手接礼物,但不会当着客人的面打开。

应邀出席宴请一般不要带夫人参加,而且做好饮酒的准备。在韩国,一再推辞主人的劝酒,会引起主人的不满。如果应邀到韩国人家中做客,进屋之前需要脱鞋时,不要将鞋尖直对房间之内,不然会令对方极度不满。接受韩国人宴请后,要设法回请一次,以示礼貌。

韩国有男尊女卑的讲究,进入房间时,女人不可以走在男人的前面,女人须帮助男人脱下外套,坐下时,女人要主动坐在男子的后面。不可以在男子面前高声谈笑。

韩国人珍爱白色。国花是木槿花,松树为国树,喜鹊为国鸟,老虎为国兽。忌讳数字是"4"和"13"。

## 三　新加坡商务礼仪

*恶语伤人如刀锋割肚肠。*

*——新加坡谚语*

新加坡意即"狮城",位于东南亚马来半岛的南端,是个集国家、首都、城市、岛屿为一体的城市型岛国,马来语为国语,汉语、泰米尔语和英语为官方语言,英语为行政语言。新加坡人口中很大一部分是华裔新加坡人,其他为马来血统的人和印度血统的人。华裔信奉佛教,印度血统信奉印度教,其他信奉伊斯兰教或基督教等。

**1. 商务礼仪**

**餐饮礼仪** 新加坡人的主食多是米饭，有时也吃包子等，但不喜食馒头。副食为炒鱼片、炒虾仁、油炸鱼等。早点喜用西餐，下午爱吃点心。饮茶文化有其独特的一面。其特有的“长茶”已成为观光客十分欣赏的一种民族表演艺术。所谓“长茶”是把泡好的红茶加牛奶，然后泡茶人把奶茶倒进罐子里。泡茶人一只手拿着盛满奶茶的罐子，另一只手拿着空杯子，两只手的距离约在一米之间，开始倒茶。新加坡华人吃饭时，喜欢用筷子和瓷匙，而马来人和印度人可能用右手代替筷子，用芭蕉叶代替盘子。注意用餐时不要把盘子里吃了一半的鱼翻转过来，因为那将预示翻船，要把鱼骨移开，从上面吃到下面。

**服饰礼仪** 新加坡人工作时普遍穿便服，下班后可穿T恤衫和细斜纹布裤，商务活动中一般穿白衬衫、着长裤或正式西装，男子不可留长发，对蓄胡子者也不喜欢，商务活动中尤其如此。

**见面礼仪** 新加坡是礼仪之邦，人人都温良恭谦让，风度翩翩。男子如绅士，女子如淑女。华人见面打招呼时，通常行拱手礼，印度人见面，行合十礼，马来人彼此相遇时，先用双手互相接触，然后指向各自的胸前，表示衷心的问候。在商务场合，新加坡人与客人相见时，一般都施握手礼。会见时，握手、微笑和问好都是必不可少的。介绍完毕后给所有的人递上名片。与新加坡人约会，最好事先约定，并准时赴约。

**交谈礼仪** 在新加坡，好的交谈话题是当地的风味食品、餐馆、旅行见闻，你所去过的国家以及新加坡的经济成就等。避免谈论政治和宗教话题。

**2. 礼仪指导**

到新加坡人家里吃饭，可以带一束鲜花或一盒巧克力作为礼物。新加坡人认为当着送礼人的面打开礼品的做法是不礼貌的。

宴请新加坡客户，不要过于讲排场，但要注意他们的口味。新加坡人喜欢吃中国的熘鱼片、炸板虾、香酥鸡、番茄白菜卷、鸡丝豌豆、手抓羊肉等风味菜肴。他们爱喝啤酒、东北葡萄酒等饮料。

新加坡严忌说“恭喜发财”，他们将“财”理解为“不义之财”或“为富不仁”。在不太了解别人之前，最好少开玩笑。

新加坡是世界上最清洁的城市之一。随地吐痰，乱丢废物均要受到法律制裁。

新加坡人喜欢红、绿、蓝色，视紫色、黑色为不吉利，黑、白、黄为禁忌色。禁止在商品包装上使用如来佛的图像，忌讳猪、乌龟的图案。有的新年期间不扫地，不洗头，否则好运会被扫掉洗掉。新加坡人认为4、6、7、13、37、69是消极的数字，最讨厌"7"，平时尽量避免这个数字。

## 四　美国商务礼仪

*自己不能胜任的事情，切莫轻易答应别人，一旦答应了别人，就必须实践自己的诺言。*

——华盛顿

*人必须相信自己，这是成功的秘诀。*

——卓别林

*你信任人，人才对你忠实，以伟人的风度待人，人才表现出伟人的风度。*

——爱迪生

美国是一个多民族的移民国家，其中白人占80%左右，其他是黑人、土著居民、亚洲人和南美人等。主要的宗教是基督教和天主教，美国没有法定的国教。官方语言是英语。现行的政治体制是总统共和制，美国的国庆节称"独立节"，在每年的7月4日。圣诞节是美国最重要的节日，此外还有感恩节、母亲节、父亲节和愚人节等。

**1. 商务礼仪**

*餐饮礼仪*　美国的饮食习惯，一般可以说是因地区而异，因民族而异。就总体而言，其共同特征是：忌油腻，喜食"生"、"冷"、"淡"的食物，不讲究形式与排场，而强调营养搭配。最喜食牛肉、鸡肉、鱼肉，火鸡肉亦受其欢迎。美国人讨厌奇形怪状的食品，如鳝鱼、动物的头、爪及其内脏等，不吃狗肉、猫肉、蛇肉、鸽肉等。美国人的饮食日趋简便与快捷，其汉堡包、"热狗"、馅饼、炸面圈以及肯德基炸鸡等还风靡全世界。喜欢"冰镇"，爱喝的饮料有冰水、冰啤酒、冰矿泉水、冰牛奶等，餐前习惯喝些果汁，餐中喝啤酒葡萄酒等，餐后喝咖啡助消化。美国人在招待客人时，大多用焙牛肉、焙鸡肉，另配上一两种蔬菜、芋类及谷类，如果准备点饭后甜点，就算是大餐了。在与美国人一同用餐时，要注意进餐时不要发出声响，不要替他人夹菜、不吸烟、不向

别人劝酒等。

**服饰礼仪** 美国人平时的穿着打扮不太讲究,崇尚自然,讲究个性。喜欢T恤装、运动装以及其他风格的休闲装。但正式场合,美国人极讲究穿着打扮。男穿西装,女着套裙,特别是鞋要擦干净,手指甲要清洁。社交场合中的美国人显得文质彬彬,优雅得体。美国妇女平常化妆,但不浓妆艳抹。

**见面礼仪** 美国人随和友善,容易接近,不拘泥于正统礼节,朋友之间通常是毫不拘礼地招呼一声"哈罗",哪怕两个人是第一次见面,也不一定握手,只要笑一笑,打个招呼就行了。但在正式场合,却比较讲究礼节,握手是最普通的见面礼。美国人不喜欢用"先生"、"夫人"或"小姐"这类称呼,他们认为这类称呼过于郑重其事了。美国人之间,不论职位、年龄,总是尽量喊对方的名字,以缩短相互间的距离。美国人很少用正式的头衔来称呼别人,通常不主动送名片给别人,只有双方想保持联系时才送。

**交谈礼仪** 美国人热情开朗,不拘小节,城府不深,喜欢幽默。美国人讲话中礼貌用语多,他们对好听的话从不吝啬,常令听者心舒意畅。在美国"请原谅"、"请"、"谢谢"、"对不起"之类的语言随处可闻,不绝于耳。人们日常交谈,不喜欢涉及个人私事,有些问题甚至是他们所忌谈的,如询问年龄、婚姻状况、收入多少、宗教信仰、竞选中投谁的票等等都是非常冒昧和失礼的。美国人还十分讲究"个人空间"。和美国人谈话时,不可站得太近,一般保持在50厘米以外为宜。

**2. 礼仪指导**

与美国人商务洽谈,必须清清楚楚地将自己的观点告诉对方,不能接受对方的条件应明白告诉对方,不要含糊其辞。与美国人谈判要注意体态语,如盯视他人、冲着别人吐舌头、用食指指点交往对象等,在美国人看来都具有侮辱他人之意。

应邀去美国人家中做客,或参加宴会,最好给主人带上一些小礼品,如化妆品、儿童玩具、本国特产、书籍杂志、巧克力。礼物多用花纸包好,再系上丝带。美国人认为单数是吉利的,收到礼物,一定要马上打开,当着送礼人的面欣赏或品尝礼物,并立即向送礼者道谢。客人对主人家中的摆设,可以赞美,但不要问其价格,因为主人不愿意听到询问价格的话。

美国人有晚睡晚起的习惯,但时间观念强,赴约准时守信,相当重要。

应邀请吃饭，要注意由谁付款，美国聚餐流行各付各的账。

社交场合讲究女士优先 。美国男子在社交场合同女子接触时，一方面事事尊重她们，另一方面又要处处以保护人的姿态出现，以显示男子的地位。

美国人偏爱山楂花与玫瑰花。喜欢狗，驴、象，讨厌蝙蝠。白头雕是美国人最珍爱的飞禽，因为其是美国国徽的主要图案。美国人喜欢白色，忌讳数字“13”和“3”等。

## 五 英国商务礼仪

*要是您想达到您的目的，您得用温和一点的态度向人家问话。*

*——莎士比亚*

英国的全名是大不列颠及北爱尔兰联合王国，居民有英格兰人、威尔士人、苏格兰人和爱尔兰人，还有少量犹太人。大部分人信奉基督教，北爱尔兰地区的一部分居民信奉天主教。官方语言是英语。

**1. 商务礼仪**

**餐饮礼仪** 英国人口味喜清淡酥香，不吃过咸、过辣或带有粘汁的菜肴。一般早餐丰富，中餐简单，晚餐最讲究。常见的饮食主要是面包、火腿、牛肉、土豆、炸鱼和煮菜等，特别偏好牛肉，禁食狗肉。英国人大都喜欢喝葡萄酒、威士忌或啤酒，一般不喝烈性酒。有人认为“德国人考虑着营养吃，英国人注意着礼节吃”，说的是英国人用餐时特别讲究情调、气氛、座次、服饰等礼节。在英国，人们对饮茶十分讲究，各阶层的人都喜欢饮红茶，尤其是妇女嗜茶成癖，一些英国人还有饮下午茶的习惯。英国人不喜欢邀请有公事交往的人来家中吃饭。聚会大都在酒店、饭店进行。就餐时忌讳讨论公事。在英国，就早餐时一般不谈生意。英国人的午餐比较简单，对晚餐比较重视，视为正餐。因此，重大的宴请活动，大都放在晚餐时进行。

**服饰礼仪** 英国人人皆绅士，特别讲究穿戴，只要一出家门，就得衣冠楚楚。在参加宴会时，过去标准的绅士行头是身穿燕尾服，头戴高帽，手持文明棍。现在男士大都穿西装，打传统保守式的领带，女士是穿深色套裙或是素雅的连衣裙。参加正式的宴会时要注意西装的配饰，如忌打带条纹式的领带、忌穿浅色皮鞋配深色西服等。

**见面礼仪** 英美商人性格迥异,美国的商人第一次见面就可以直呼对方姓名,以示亲热,甚至当天就可以做成一笔大生意。而英国的商人为人比较谨慎和保守,待人接物比较含蓄。与人见面,彬彬有礼地握手问好,但不会一见面就拥抱,随便拍打英国人以示亲热被认为是非礼的行为。英国人在交往开始时总会保持一段距离,然后才慢慢接近。因此与英国人商务往来,凡事都有一定的程序,不能操之过急。

**交谈礼仪** 英国人言辞谈吐非常讲究礼貌修养,待人彬彬有礼,讲话十分客气,“谢谢”、“请”字不离口。商务交谈中,往往比较谨慎,有时显得寡言少语。待人宽容,能忍耐,不愿意与别人作无谓的争论。与英国人闲谈,最好谈天气、体育等,不要谈个人私事、家事、婚丧、年龄、职业、收入、宗教等问题。

**2. 礼仪指导**

英国是老牌的经济强国,英国人严守时间,遵守诺言。与英国人进行商务往来必须守信用,答应过的事情必须全力以赴、不折不扣地完成。英国人的时间观念很强,拜会或洽谈生意,访前必须预先约会,准时很重要,最好提前几分钟到达为好。

英国人非常注重礼貌礼节,信奉“外表决定一切”,即在公开场合保持绅士风度。英国人做事很有耐心,任何情况之下,他们绝不面露焦急之色,也很少在公开场合发脾气。因此与英国人交往要尽量避免感情外露,同时要注意礼貌细节,如不要当众打喷嚏、不要用同一根火柴点燃三根香烟,还要注意不要在屋子里撑伞等。对英国人发表示胜利的手势“V”时,要注意手心对着对方,否则会导致对方不满。

在英国,绝对体现“女士优先”的传统,如乘电梯让妇女先进,乘车让女子先上,斟酒要给女宾或女主人先斟,在街头行走,男的走外侧,以免发生危险时,可保护妇女免受伤害等。接待英国妇女,必须充分尊重他们。

给英国人赠送鲜花、威士忌、巧克力、工艺品等小礼品能增加友谊。但要注意不要送贵重的礼物或烈性酒,也不要送涉及私生活的服饰、肥皂、香水等物品。英国人喜欢当着客人的面打开礼品,无论礼品价值如何,或是否有用,主人都会给以热情的赞扬表示谢意。

英国的国花是玫瑰花。英国人很忌讳百合花和菊花,认为那是死亡的象征。平时十分宠爱动物,尤其是对猫和狗。在色彩方面,英国人偏爱蓝色、红色与白色,禁忌墨绿色。英国在图案方面禁忌甚多,如大象、孔雀、猫头鹰等图案,都会令他们大为反感。英国所忌讳的数字是"13"和"星期五",尤其是两者恰巧碰在一起时。

商务活动最好避开圣诞节及复活节前后两周的时间。一般在2月到6月、9月中到11月最为适宜。

## 六 加拿大商务礼仪

**有谦和、愉快、诚恳的态度,而同时又加上忍耐精神的人,是非常幸运的。**

——塞涅卡

加拿大位于北美洲北半部,是一个年轻而富庶的国家。由于盛产枫树,人称"枫叶之国"。加拿大人主要是欧洲移民的后裔,英裔和法裔居民占总人口的80%以上。加拿大人中大部分信仰天主教和基督教。官方语言是英语和法语。加拿大的国庆节是7月1日。

**1. 商务礼仪**

**餐饮礼仪** 加拿大人在饮食上讲究菜肴的营养质量,喜食甜酸、清淡食品,以面食、大米为主食,副食喜欢吃烧烤的牛排、羊排、鸡排、沙丁鱼等,爱喝原汁原味的清汤。平常喜欢喝白兰地、香槟酒等,习惯在用餐后喝咖啡和吃水果。加拿大人饮食讲究科学,不吃怪味、腥味的食物和动物内脏等。加拿大人热情好客,喜欢在家中宴请客人。用餐讲究礼仪,认为优雅的吃相是绅士风度的体现,如吃东西时禁忌发出声音,不宜说话,不要当众用牙签剔牙,切忌把自己的餐具摆到他人的位置上等等。

**服饰礼仪** 在加拿大,不同的场合有不同的装束。在教堂,男性着深色西装,打领结,女士则穿样式庄重的衣裙。在参加婚礼时,男子穿西装或便装,穿便装时不打领带。妇女则不宜穿白色或米色系列的服装,因为象征纯洁的白颜色是属于新娘的。参加正式宴会,男子要穿整套深色西装,妇女则应穿有品位的衣裙,化淡妆。服装颜色不宜太显眼,款式不能过于奇异。

**见面礼仪** 加拿大人比较随和友善,易于接近,他们讲礼貌但不拘泥于繁琐礼节。在社交场合与客人相见时，一般都行握手礼，熟人、亲友和情人之间行亲吻礼和拥抱礼。在双方握手以后，他们会说"很高兴见到你"、"幸会"等。首次见面一般要先作自我介绍，在口头介绍的同时递上名片。许多加拿大人喜欢直呼其名，以此表示友善和亲近。

**交谈礼仪** 加拿大人喜欢别人赞美他的衣服、手表或向他请教一些关于加拿大的风俗习惯、游览胜地方面的问题，这样，双方一开始就会找到共同语言。交谈中不宜询问对方的年龄、收入和私生活，这会引起他们的反感和不安。在商务谈判中，要集中精力，不要心不在焉、东张西望或打断别人讲话。交谈中不要涉及宗教信仰、性问题或批驳对方的政见，以免引起误解和争执。

**2. 礼仪指导**

加拿大人有较强的时间观念，他们会在事前通知你参加活动的时间，不宜过早到达，如你有事稍微晚到几分钟，他们一般不会计较，你也不必为此作过多的解释。

在商务活动中赠送礼品，最好赠送具有民族特色的、比较精致的工艺美术品。礼物要用礼品纸包好，附带一张写有对方和送礼人姓名的卡片。

由于大部分加拿大人信奉基督教新教和天主教，他们忌讳 13 和星期五。加拿大人忌讳百合花，因为这种花是人们参加葬礼时用来悼念死者的，还忌讳黑色和紫色。在宴席上，喜欢用双数安排座次，忌讳单数。加拿大人民对自己的国家充满了自豪感。他们反感把加拿大同美国作比较，尤其忌讳拿美国的优点来与他们相比，加拿大人认为这是一种不友好的行为。

## 七　法国商务礼仪

*礼貌经常可以替代最高贵的感情。*

*——梅涅美*

*酒已取出就得喝。*

*——法国谚语*

法国位于欧洲大陆的西部，是西欧最大的国家。法国是文化艺术之邦，多元文化和部落文化共同孕育了浪漫自由的法国文化。大多数法国人信奉天主教,少数信奉基督教和伊斯兰教。7月4日是法国的国庆节。

**1. 商务礼仪**

**餐饮礼仪** 法国烹饪誉满全球。在西餐之中,法国菜可以说是最讲究的。法式菜肴的特点是:选料新鲜,烹调讲究,美味可口。法国人爱吃面食和奶酪,在肉食方面,他们爱吃牛肉、猪肉、鸡肉、鱼子酱、鹅肝,不吃肥肉、宠物、动物内脏、无鳞鱼和带刺骨的鱼。法国盛产名酒,法国人也特别善饮,几乎餐餐离不开酒,而且讲究在餐桌上要以不同品种的酒水搭配不同的菜肴,如吃肉要喝红葡萄酒,吃鱼要饮白葡萄酒等。除酒水之外,法国人平时还爱喝生水和咖啡。法国人一般喜欢晚宴,宴请客人时,主人总是把最拿手的菜做给客人吃,而且菜肴往往很丰盛。如果客人夸奖主人的菜肴做得好吃时,主人往往非常高兴,有人总结意大利人是"痛痛快快地吃",而法国人"夸奖着厨师的技艺吃"。法国人用餐时讲究饮不碰杯,食无声响。用餐时,两手允许放在餐桌上,但却不许将两肘支在桌子上,在放下刀叉时,他们习惯于将其一半放在碟子上,一半放在餐桌上。聊天是用餐时非常重要的内容,但不要提及工作上的事,除非主人开了头。

**服饰礼仪** 法国人对穿戴极为讲究,法国素有"时装王国"之称,而巴黎更有"时装之都"的美誉。其服饰以华美精致时尚而享誉世界。在正式场合,法国男士穿西装,女士穿套裙或连衣裙,讲究质地。出席庆典仪式时,一般要穿礼服。男士所穿的多为配以蝴蝶结的燕尾服,或是黑色西装套装,女士大多穿连衣裙式的单色大礼服或小礼服。法国人强调服饰的整体感觉,发型、鞋子、手表、眼镜要与自己的着装协调一致。与法国人进行商务洽谈,应该在选择服饰方面多花些时间和精力,剪裁得当的服饰配之以保守的色彩比较合适。如果法国人看到你戴着漂亮的法国围巾或法式首饰,他们会非常高兴的。

**见面礼仪** 商务会见以握手为礼。并且喜欢在每次见面和分别时都握手,第二天见面还会如此。行接吻礼时,规矩很严格,朋友、亲戚、同事之间贴脸或颊,长辈对小辈亲额头,只有夫妇或情侣才真正接吻。称呼法国人切勿直呼其名,要用某某先生、夫人或女士来称呼别人,除非对方允许,你才可以直呼他们的名字。和法国人建立友好关系,需要做出长时间的努力,一旦建立友好关系,互惠互利,就会发现法国人其实是容易共事的合作伙伴。

**交谈礼仪** 法国人大都爽朗热情,善雄辩,喜高谈阔论。他们讨厌不爱讲话的人,对愁眉苦脸者更难以接受。法国人待人彬彬有礼,礼貌用语不离口。法国人很重视建立良好的人际关系。一般情况下,未成朋友前,不会跟你做大宗生意的。因此和法国人谈生意时,除了最后做决定的阶段需要一本正经地只谈生意,在其他时间里,应该多聊聊一些关于经济、体育、文化、历史等方面的话题,增进彼此的情感,才能做到好生意。法国人与客人交谈,喜欢相互站得近一些,他们认为这样显得更为亲近。法国人并不轻易赞扬别人,也不习惯别人的过度赞扬,他们更习惯于批评。因此与法国人交流不要滥用赞美词,也不要大声喧哗。

**2. 礼仪指导**

法国人约会讲究准时。但在法国,有一种非正式的习俗,那就是客人身份越高,他就有可能来得越迟。

法国人对礼物有其特别的讲究。宜送具有文化价值和艺术品味的物品,不宜以刀、剑、剪、餐具或是带有明显的广告标志的物品。在法国向女人送香水意味着求爱,因此如果关系一般,男士不要向女士赠送香水。在接受礼品时若不当着送礼者的面打开其包装,则是一种无礼的表现。

法国的国花是鸢尾花。忌黄色的花,认为黄色的花象征不忠诚。法国人大多喜爱蓝色、白色与红色,他们所忌讳的色彩主要是黄色与墨绿色。因为纳粹军服是墨绿色。忌孔雀、鹤等动物图案,认为那是淫妇和蠢汉的象征。法国人所忌讳的数字是“13”。不住 13 号房间,不在 13 日外出旅行,更不准 13 人共进晚餐等。

商务活动在圣诞节及复活节前后两周不宜进行,7 月 15 日至 9 月 15 日是当地的假期,也不是进行商务会面的“黄金时间”,因此应极力避免在这一时期访问法国。最好 9 月下旬以后去法国谈生意。

## 八 俄罗斯商务礼仪

**为人粗鲁意味着忘记了自己的尊严。**

**——车尔尼雪夫斯基**

**果树不只结一个果子,人不该只有一个朋友。**

**——俄国谚语**

俄罗斯是前苏联地区经济实力最强的国家。它疆域辽阔,人口众多,资源十分丰富。俄罗斯的国教是东正教。每年要过圣诞节、洗礼节和俄历年等。

**1. 商务礼仪**

**餐饮礼仪** 俄罗斯人讲究量大实惠,油大味厚。偏爱酸、辣、咸味的食品,尤其爱吃冷菜。俄罗斯人以面包为主食,鱼、肉、禽、蛋为副食。特色食品还有鱼子酱、酸黄瓜、酸牛奶,等等。俄罗斯人早餐较简单,几片黑面包,一杯酸牛奶就可以了。午餐和晚餐很讲究,要吃牛排、肉饼、烤羊肉串、炸马铃薯等,而且一定要喝汤,要求汤汁浓。吃水果时,他们多不削皮。在饮料方面,俄罗斯人喝啤酒佐餐,他们最爱喝具有该国特色的烈酒伏特加,对我国的二锅头比较青睐。妇女爱喝酸牛奶和果子汁。俄罗斯人喝红茶有加糖和柠檬的习惯,不喜欢喝绿茶。俄罗斯人多用刀叉,他们忌讳用餐发出声响,吃饭时一般只用盘子不用碗。参加俄罗斯人的宴会时,宜对其菜肴加以称道,并且尽量多吃一些。俄罗斯人将手放在喉部,一般表示已经吃饱。

**服饰礼仪** 俄罗斯人大都讲究仪表,注重服饰,外出时总是衣冠楚楚。在俄罗斯民间,已婚妇女必须戴头巾,并以白色的为主;未婚姑娘则不戴头巾,但常戴帽子。在城市里,俄罗斯多穿西装或套裙,春秋季在西装外套一件漂亮的风衣,冬季以呢大衣为主,女士爱穿裙子。前去拜访俄罗斯人时,进门之后自觉地脱下外套、手套和帽子,否则被视为无礼。如果男女一道,无论进门或出门,男士必须先帮女士脱下或穿上外衣,这被视为绅士风度。

**见面礼仪** 俄罗斯人素来以热情、豪放、勇敢、耿直而著称于世,不善掩饰自己的感情。与人相见,先开口问好,然后握手致意。朋友间行拥抱礼和亲吻礼。在迎接贵宾之时,俄罗斯人通常会向对方献上“面包和盐”,这是给予对方的一种极高的礼遇,来宾必须对其欣然笑纳。在正式场合,他们也采用“先生”、“小姐”、“夫人”之类的称呼。在俄罗斯,人们非常看重人的社会地位,因此对有职务、学衔、军衔的人,最好以其职务、学衔、军衔相称。依照俄罗斯民俗,在用姓名称呼俄罗斯人时,可按彼此之间的不同关系,具体采用不同的方法。只有与初次见面之人打交道时,或是在极为正规的场合,才有必要将俄罗斯人的姓名的三个部分连在一道称呼。

**交谈礼仪** 与俄罗斯人交谈,对人的外表、装束、身材和风度等都可夸奖,但对人的身体状况不能恭维。与俄罗斯人交往不能说他们小气,忌问对方私事，不能与他们在背后议论第三者及其他较敏感的话题，如政治矛盾、经济难题、宗教矛盾、民族纠纷、前苏联解体、阿富汗战争等。

**2. 礼仪指导**

俄罗斯人酷爱鲜花，向日葵最受人们喜爱，被视为“光明象征”并被定为国花。俄罗斯人对颜色有讲究，认为红色代表吉祥和美丽，黑色表示肃穆和不祥。拜访俄罗斯人时，送给女士的鲜花宜为单数。因为他们视单数为吉祥的象征。俄罗斯人最偏爱“7”，认为它是成功、美满的预兆，俄罗斯有谚语：七次量体，一次裁衣。十分忌讳“13”与“星期五”。

俄罗斯人主张“左主凶，右主吉”，因此，他们也不允许以左手接触别人，或以之递送物品。

俄罗斯人讲究“女士优先”，在公共场合，男士往往自觉地充当“护花使者”。不尊重妇女，到处都会遭人白眼。

## 九　澳大利亚商务礼仪

*礼貌使有礼貌的人喜悦，也使那些受人以礼貌相待的人们喜悦。*

*——孟德斯鸠*

澳大利亚位于南太平洋和印度洋之间，是一个兼容并蓄、文化多样的多元化国家，也是全球唯一占据一个大陆的国家。人口中大部分是英国及爱尔兰后裔，其次是亚裔和土著居民。居民中有98%信奉基督教，其他人信奉犹太教、伊斯兰教和佛教。官方语言为英语。当北半球的国家在12月份欢度圣诞节的时候，位于南半球的澳大利亚正处仲夏时节，所以澳大利亚的圣诞节显得与众不同，别有一番情趣。

**1. 商务礼仪**

**餐饮礼仪**　澳大利亚人在饮食上习惯以吃英式西菜为主，其口味清淡，忌食辣味菜肴，有些人还不吃酸味的食品。其菜肴一般以烤、焖、烩为主。澳大利亚的食品以丰盛和量大而著称，尤其对动物蛋白的需要量。他们通常爱喝牛奶、喜食牛羊肉、精猪肉、鸡鸭鱼、禽蛋、乳制品及新鲜蔬菜。喜欢喝咖啡，吃水果。他们在就餐时，习惯用很多调味品，在餐桌上由自己调味。澳大利亚人对他们的酒引以为傲，其出产的酒闻名世界。

**服饰礼仪** 澳大利亚服饰较保守。男子多穿西服,打领带,在正式场合打黑色领结,妇女一年中大部分时间都穿裙子,在社交场合则套上西装上衣。在不是很正式的场合,男士可穿得体的短装、及膝长袜、衬衫以及戴领带。

**见面礼仪** 澳大利亚人乐于交朋友。人们相见时喜欢热情握手,彼此以名相称。澳大利亚人喜欢和陌生人交谈,特别是在酒吧,互相介绍后或在一起喝杯酒后,陌生人就成了朋友。在商务场合,澳大利亚人见面习惯于握手,但大多数男人不喜欢紧紧拥抱或搭着双肩之类的动作。女友相见则可亲吻对方的脸。澳大利亚人大都名在前,姓在后。称呼别人先说姓,接上先生、小姐或太太之类,熟人之间可称小名。

**交谈礼仪** 澳大利亚人平易近人,他们喜欢直截了当地谈话,不喜欢被施加压力。与他们交谈时,多谈旅行,体育运动及到澳大利亚的见闻。避免批评任何与澳大利亚有关的事情,不要随便对别人的观点表示同意,澳大利亚尊重自己有见解的人。商务谈判时,澳大利亚人往往派出有决定权的人来谈判,他们不喜欢耗费时间,同样在商务谈判过程中,不喜欢先开高价,再慢慢减价,在讨价还价上浪费时间。因此与澳厂商谈生意时,对方不太计较价格,但对产品质量要求严格,一旦发现质量问题,就会毫不客气地提出索赔。

**2. 礼仪指导**

澳大利亚人办事爽快认真,遵守并珍惜时间。会见必须事先联系并准时赴约。与澳大利亚人交往,必须遵守其"周日做礼拜"的习惯,即每周日上午,澳大利亚人一定到教堂听道。因此,要避免在周日上午约他们出来打球或谈生意。

他们待人接物都很随便,不喜欢装腔作势。如果你应邀到澳大利亚人家做客,可以给主人带瓶葡萄酒或给女主人带上一束鲜花。

澳大利亚人对兔子特别忌讳,认为兔子是一种不吉利的动物,人们看到它都会感到倒霉。

到澳大利亚进行商务活动的最佳月份是 3～11 月。12 月至次年 2 月为假期。圣诞节及复活节前后一周不宜拜访。

# 十 非洲商务礼仪

**丑树可能流出甜汁。**

——非洲谚语

**谁损人利己,谁就会失去友谊。**

——非洲谚语

非洲位于东半球的西南部,地跨赤道南北,西北部的部分地区伸入西半球。非洲目前有56个国家和地区。在地理上,习惯将非洲分为北非、东非、西非、中非和南非五个地区。非洲是世界上民族成份最复杂的地区。非洲大多数民族属于黑种人,其余属白种人和黄种人。非洲居民多信奉原始宗教和伊斯兰教,少数人信奉天主教和基督教。

**1. 商务礼仪**

**餐饮礼仪** 非洲由于盛产蔬菜、水果和香料,形成了在烤、煮、炖、烩方法下各种食物混在一起的烹饪方法。非洲人善于调味,将各种香料与调味品运用到极致。在很多地方,非洲人吃饭不用桌椅,不使用刀叉或筷子,而要是用手抓饭吃。餐毕,客人要等主人吃完后一同离开。吃饭时注意不要把饭菜掉在地上。与非洲人交往要注意饮食禁忌,如非洲人忌食猪肉、动物内脏之类的食品。与非洲穆斯林交往,不要用左手递物品,而用右手或双手,也不要主动向非洲人提供酒类饮料。

**服饰礼仪** 非洲人生活节俭,服饰打扮却非常讲究。非洲人穿着可说千姿百态,如埃及妇女不穿无袖的衣服和衬衫,阿尔及利亚妇女身穿白衣和斗篷,以示纯洁,一些穆斯林妇女全身裹在长袍里等。非洲人以自己的面孔而自豪,喜欢浓妆艳抹,洒气味浓烈的香水。非洲有句谚语:“发式打扮人。”非洲人最喜欢下工夫的是他们独特的发型。非洲人的发质又粗又硬,发型和颜色五花八门,用的化妆品也特别多。与摩洛哥、南非等国进行商务往来,宜穿式样保守的西装。

**见面礼仪** 非洲流行的打招呼方式是举起右手,手掌向着对方,其原意是表示“我的手并没有握石头”。因此向非洲人表示友好可行握手礼,并要显得落落大方。在非洲,握手时如果握得有气无力,被称为礼貌不周,毫无诚心,会令人不悦。尤其在阿尔及利亚,握手时愈用力愈受尊敬。

**交谈礼仪** 非洲人大都生性不拘小节,幽默风趣。商务交往不喜兜圈子,想说的话就大胆直率地说出来。非洲人好客,在埃及,如果你称赞他们的衣服或某物漂亮,他们会很慷慨地送给你。因此要慎赞主人的东西。称呼非洲人,不能直呼黑人,非洲人一般国家意识相当强烈,最好照他们的国籍来称呼。与非洲人交谈,不要谈及政治。

**2. 礼仪指导**

非洲人感情丰富,性格一般较外向,讲究仪态和服饰美,民族自尊心强,与之交往,要充分尊重他们。如进入清真寺,务必脱鞋,不要当众打哈欠或喷嚏等。对非洲人的手舞足蹈不要大惊小怪,不能目不转睛地盯着对方等。

拜访非洲人,如果联络感情,最好到对方家里;如果是公事,尽量选择在对方办公室,但不要选择星期一。拜访前提前告知对方自己的目的、时间和地点,好让对方做准备。非洲人不欢迎不速之客。

非洲商人精于商务谈判,善于讨价还价,同时也会妥协让步。与之谈判,如果一心想让对方满足自己的要求,牟取最大限额的经济利益,谈判往往会破裂,因此,要本着最终谈判能给双方带来好处和实惠的原则,取得双赢的结果。

非洲人对颜色想象丰富,要注意颜色禁忌。如埃及人喜欢绿色和白色,习惯用其表示快乐,忌蓝色和黄色,认为其表示不祥。喜欢金字塔形莲花图案。埃及人禁穿有星星图案的衣服。摩洛哥人喜欢绿、红、黑色,忌白色。忌讳六角星和猫头鹰图案。

摩洛哥人认为3、7、9、40是积极的数字,而肯尼亚人认为任何以7结尾的数字均不吉利。

非洲有许多独特的习俗。如在埃及,"针"为其特有的忌讳物。妇女被人骂成"针"如同受了奇耻大辱。在乌干达,忌讳人们问及有关牛羊的情况,更不允许别人问牛的数量和用手指小羊。马达加斯加人崇敬狐猴,认为人死后可在它身上托生。尼日利亚等国家,妇女以胖为美,因此不要称赞妇女的苗条。加纳人视凳子为其最神圣的财产,凳子既是日用品又是馈赠品,等等。

非洲有些国家要庆贺圣诞节与复活节,开展商务活动,最好避开这些节日。

**【案例】** **不懂风俗也会贻误商机**

小李是个时尚青年,喜穿奇装异服,长发掩耳。一次赴新加坡与一华裔商人张先生洽谈一笔出口业务,同是华人,小李有一种亲切感,进入办公室忙丢掉手中的烟蒂,随脚踩灭,上前说:"张先生,恭喜发财!"见张先生没有反应,小李又拱了拱手加重声音说"恭喜发财"。张先生似有不悦之意。"怎么,财也不要发了?"小李随之又幽了一默。张先生说:"对不起今天我还有个会议,我们改日再谈吧?"小李惘然地退出,心想不是早就约好今天洽谈的吗?怎么可以随便变更的呢?新加坡人都是这么不讲信用的吗?后来小李再也没有见到张先生,这笔业务也就不了了之。

**案例分析:**是张先生不讲信用?还是小李不懂当地风俗以致误事?

# 参考文献

[美]林·布伦南．商务礼仪．北京:新华出版社,1997
[英]埃．唐纳德．现代西方礼仪．上海:上海翻译出版社公司,1986
[法]让·塞尔．西方礼节与习俗．上海:上海人民出版社,1987
[英]林恩·布伦南．21世纪商务礼仪．北京:中国计划出版社,2004
金正昆．商务礼仪教程．北京:中国人民大学出版社,1999
陈柳．职业人形象设计与修炼．上海:上海远东出版社,2004
何伶俐．高级商务礼仪指南．北京:企业管理出版社,2003
宋学军．商务礼仪．北京:九洲出版社,2004
曹浩文．如何掌握商务礼仪．北京:北京大学出版社,2004
楚庭南．百分之百社交艺术．北京:中国纺织出版社,2001
陈冠颖．现代社交礼仪．广州:广东人民出版社,2002
刘逸新．礼仪指南．北京:中国纺织出版社,2004